LA JUSTICE EST UN JEU

DU MÊME AUTEUR

De la stratégie judiciaire
Éditions de Minuit.

Beauté du crime
Plon.

Le Salaud lumineux
Michel Lafon.

Jacques Vergès

LA JUSTICE EST UN JEU

Albin Michel

22, rue Huyghens, 75014 Paris

ISBN 2-226-05837-0

Du rire dans le désesespoir

Tout est bien pour quiconque sait que tout est tel.

DOSTOÏEVSKI, *Les Possédés*

JE préfère la vulgarité d'un reportage de détective au plus beau prêche humaniste. L'un fouette le sang, l'autre embrume l'esprit. L'un sent le sexe, l'autre pue le moisi.

Quand un renard est pris au piège dans un poulailler, il ne se plaint pas de l'injustice subie. Il n'invoque pas le Ciel ni n'appelle la SPA. Il coupe simplement sa patte avec ses dents, en silence pour n'éveiller personne. Trop heureux de vivre sur trois pattes. Il a le sens du Destin.

C'est ce qui manque le plus au monde occidental d'aujourd'hui.

La petite frappe butée qui n'a aux Assises aucun mot de tendresse humaine pour sa victime est à mille années-lumière de moi, mais elle m'est encore plus proche que le ministre qui, après avoir pillé les entreprises françaises, jure la main sur le cœur qu'il a agi dans l'intérêt exclusif de la Démocratie.

J'y pense après la visite d'un ami perdu de vue depuis de longues années. Son récit est plein de ruse et de cruauté, ni sermon ni beaux sentiments. Et pourtant, tout ruisselants de sang qu'ils sont, les fantômes de mes amis morts qu'il évoque frappent par leur dignité.

C'était il y a vingt-six ans, au Congo-Brazzaville proclamé première république socialiste d'Afrique. Plusieurs personnes soupçonnées de complot avaient été égorgées et leurs cadavres jetés dans le fleuve. Le bruit avait couru qu'ils avaient été tués sur ordre du premier ministre par des exilés appartenant à la fraction prosoviétique de l'UPC [1], alors interdite au Cameroun. Parmi les victimes, mon ami Matsokota. Je l'avais connu préparant un doctorat en droit à Paris, brillant, éloquent, truculent.

Premier témoin à parler, Antoine me raconte aujourd'hui ce qu'il sait de la tragédie.

1. Union des populations du Cameroun.

Me Vergès. La justice est un jeu.

p. 9 - (rapport criminel → ministre.)
p. 14. (tuer à petits feux).
p. 27. (le procès → 2 hypothèses).
p. 29. (déclaration du frère de François Bérang[illegible]
p. [illegible] (Julien Sorel..).
p. 62 (esclavagisme) →
p. 97 (Fred Wilmer). Viet Nam

— Je viens te voir, me dit-il, parce que certains m'accusent de ce meurtre. Les uns prétendent m'avoir vu couvert de sang comme si je les avais égorgés moi-même. Les autres, sans se soucier de la contradiction, prétendent que j'ai été l'inspirateur de la tuerie lors de la réunion du cabinet du premier ministre juste avant les événements.

— Je ne t'imagine pas, lui dis-je, égorgeant quelqu'un. Mais cette réunion a-t-elle eu lieu ?

— Oui.

— Y assistais-tu ?

— Oui.

— A quel titre ?

— Au titre de directeur de cabinet du premier ministre.

— Au cours de cette réunion, la mise à mort des prétendus comploteurs a-t-elle été décidée ?

— Entérinée plutôt, car elle avait été d'évidence décidée à un autre échelon, plus secret.

— Et toi ?

— Je m'y suis opposé.

— Mollement ?

— Peut-être : je ne suis pas Congolais mais métis, je n'avais pas l'autorité nécessaire pour faire un clash, au péril de ma vie.

— Pourquoi dans ces conditions t'avoir fait participer à cette réunion ?

— Parce que j'étais le directeur de cabinet du premier ministre, m'avait-on dit. Mais je compris bientôt que c'était pour me faire porter ensuite le chapeau.

Le premier ministre avait donné audience cette nuit-là à l'ambassadeur d'Algérie et à M. Thomas Kanza, ex-ministre de Patrice Lumumba. C'est une chance pour Antoine, car tous deux, s'ils vivent encore, pourraient témoigner que deux fois de suite, et contre tout protocole, il est venu alerter le premier ministre qui l'a écarté avec agacement.

— C'est bien le groupe prosoviétique de l'UPC qui a fait le coup ? lui demandai-je.

— Pas lui seulement. Le groupe prochinois de ton ami Afana aussi, me répondit-il.

— Et pourquoi ?

— On leur avait dit qu'il s'agissait d'un complot de la CIA et on leur avait promis qu'on les aiderait en contrepartie dans leur combat clandestin au Cameroun.

— L'a-t-on fait ?

— J'en doute. Eux aussi ont été piégés. Tu sais qu'Afana a été capturé dès son retour en Sanaga.

Afana, dont la thèse sur l'économie de l'Afrique de l'Ouest fait autorité, aussi

une urbanité exquise

réservé que Matsokota était expansif. Capturé, il fut décapité, et sa tête promenée au bout d'un pieu par les troupes françaises. J'y pensais récemment au mariage du président Bongo, assis à la même table que l'ex-ambassadeur de France à Libreville, M. Delaunay, à l'époque proconsul au Cameroun. Un homme implacable alors, aujourd'hui d'une urbanité exquise. Tandis que je conversais avec lui, je sentais sur mes épaules se crisper les mains d'Afana.

— Mais ce complot était-il au moins réel ?

— Qui le sait ? C'est ce qu'était venu nous affirmer un émissaire du gouvernement français alerté par le gouvernement du Mali et le président Modibo Keita lui-même.

— Je suis prêt à croire Modibo, mais Foccart ?

— Le gouvernement du général de Gaulle s'opposait assez souvent à l'époque au gouvernement américain.

En tout cas, aujourd'hui, tous les deux sont en enfer. S'il y a une vie dans l'au-delà, je les vois deviser au bord du fleuve et se répéter la phrase de Saint-Just : « Rien ne ressemble à la vertu comme un grand crime. »

Saint-Just dont Barrès disait qu'il portait parmi ses tares le signe de la grandeur.

Ce que la justice condamne, ce n'est pas le crime, c'est le crime hors règles, le crime novateur. Tuer quelqu'un d'un coup de feu, c'est de très mauvais goût et cela fait du bruit. Mais tuer à petit feu n'est pas toujours défendu.

Ces crimes à petit feu, n'étant pas sanctionnés, font peu de bruit. On n'en parle donc pas, sauf dans les romans.

Maître Chicot, l'aubergiste d'Epreville, un grand gaillard de quarante ans, rouge et ventru, désirait acquérir la ferme de la mère Magloire âgée de soixante-douze ans. Mais celle-ci s'y refusait. Jusqu'au jour où il lui proposa un viager, nous raconte Guy de Maupassant : « Vous m' la vendez, et pi vous la gardez tout d' même. »

La mère Magloire se laissa convaincre, et l'affaire fut conclue.

Trois ans s'écoulèrent, la mère Magloire se portait comme un charme.

Maître Chicot se mit à la haïr, d'une haine de paysan volé, réfléchit et s'en revint un jour en se frottant les mains.

— Dites donc, la mère, pourquoi que vous ne v'nez point dîner à la maison, quand vous passez à Epreville ? On en jase ; on dit comme ça que j' sommes pu amis, et ça me fait deuil. Vous savez, chez mé, vous ne payerez point. J' suis pas regardant à un dîner. Tant que le cœur vous en dira, v'nez sans retenue, ça m' fera plaisir.

La mère Magloire ne se le fit point répéter.

Mais maître Chicot fut désappointé. La mère Magloire était sobre et ne buvait pas. Elle refusa même de prendre un café. Il demanda tout de même :

— Vous accepterez toujours un petit verre.

— Ah ! pour ça oui. Je ne dis pas non.

— Rosalie, apporte la fine, la surfine, le fil-en-dix.

Il emplit deux petits verres.

— Goûtez ça, la mère, c'est de la fameuse.

La mère Magloire en goûta et sur son insistance en reprit. Il insista en vain pour une troisième tournée.

— Ça, c'est du lait, voyez-vous ; mé, j'en bois dix, douze, sans embarras. Ça passe comme du sucre. Rien au ventre, rien à la langue. Y a rien de meilleur pour la santé ! T'nez, puisqu'elle vous plaît, j' vas vous en donner un p'tit fût, histoire de vous montrer que j' sommes toujours une paire d'amis.

Le lendemain, il lui apporta le petit fût. Ils trinquèrent à nouveau. En s'en allant, il lui dit :

— Et puis, vous savez, quand il n'y en aura pu, y en aura encore ; n' vous gênez point. Je ne suis pas regardant. Pu tôt que ce sera fini, pu que je serai content.

Il revint encore et bientôt le bruit courut que la mère Magloire s'ivrognait toute seule. Et quand on lui parlait d'elle, maître Chicot disait :

— C'est-il pas malheureux, à son âge, d'avoir pris c't' habitude-là ? Voyez-vous, quand on est vieux, y a pas de ressource. Ça finira bien par lui jouer un mauvais tour !

Ça lui joua un mauvais tour en effet. Elle ne passa pas l'hiver.

Maître Chicot hérita de la ferme.

Tout le monde pensa que c'était un habile homme. S'il lui avait donné du cyanure, on aurait dit que c'était un assassin.

S'ils pouvaient entendre, mes frères ennemis Matsokota et Afana éclateraient de rire ensemble, du même rire salubre d'hommes libres, sans illusion sinon sans passion. Je sens qu'ils me regardent de là-haut avec amusement comme un retardataire que la mort aura oublié et se disent : « Mais qu'est-ce qu'il cherche à défendre ainsi en même temps Barbie et Abdallah, les grands bourgeois et les petits flics, les femmes fatales et les juges assassinés ? »

Joueurs, ils voient bien que c'est un jeu, un jeu de solitaire, et cherchent à travers les mouvements de mes personnages à en deviner les règles, par jeu. Ainsi, dans le jeu qu'ils se mettent à jouer, ils deviennent sans se douter des figures sur l'échiquier où je joue.

Nous avons rêvé, et eux jusqu'à en mourir, nous nous sommes battus, et eux jusqu'à en mourir, nous avons joué et nous avons gagné parce que nous avons donné à notre vie un sens, une direction.

Et le procès, c'est aussi tout cela, un combat, un jeu et une création, mais le combat que j'y mène est celui d'un autre, le rêve que je poursuis est celui d'un autre. Seul me reste le plaisir du jeu.

La justice comme spectacle

C'est le créateur qu'ils haïssent le plus...
c'est lui qu'ils appellent criminel.

F. NIETZSCHE,
Ainsi parlait Zarathoustra

UN quotidien du matin publiait il y a un an ou deux le dialogue de l'assassin présumé et du père d'un enfant assassiné.

Les uns s'en tenant à leur première impression trouvèrent le dialogue bouleversant, les autres regrettèrent que l'intervention des médias — le dialogue ayant été diffusé à la télévision — lui ait enlevé tout caractère d'authenticité.

Négligeant la surface de l'événement, il me paraît utile de tenter d'en tirer des leçons plus durables que l'émotion d'un moment.

La première leçon à en tirer est bien le caractère aléatoire de la Justice.

Les faits en eux-mêmes sont atroces mais simples.

Le dimanche 5 février 1984, François

Gérard, neuf ans, rate son train en gare de Valence. Quarante-huit heures plus tard, son corps à moitié dévêtu est retrouvé dans un buisson du parc Jouvet en pleine ville. L'autopsie établit qu'il a été violé et étranglé, la nuit même où il a raté son train. Près du corps, quelques pièces à conviction, un paquet de Gitanes, deux clés, des papiers de confiserie, des empreintes de talon.

Un décor banal.

Le bilan de l'enquête de police et de l'instruction judiciaire est décevant.

Pourtant, au départ, la police n'a pas ménagé sa peine et les grands moyens ne lui ont pas été refusés ! Photos de l'enfant affichées sur les murs de la caserne et des écoles, appels à témoin placardés dans les lieux publics, exploitation du fichier homo. Les lettres de dénonciation affluent, comme on pouvait s'y attendre.

Un premier assassin présumé est interpellé, placé en garde à vue et interrogé pendant quarante-huit heures sans relâche, libéré, puis repris après une demi-heure, ce qui permet en tournant la loi d'augmenter le temps légal de garde à vue. Il finit par avouer et la police par le relâcher. Innocent malgré lui : ses aveux ne correspondent pas aux constatations.

Un deuxième assassin se présente de lui-même et avoue. Les policiers doivent le relâcher. Il délire.

Les policiers filment l'enterrement de l'enfant et, dit la correspondante du journal *Libération* à Valence, leur attention se porte sur le père de l'enfant. « On le trouve timbré à ce moment-là. » L'estime est venue plus tard. On pense au délire du juge Lambert et de Mme Marguerite Duras dans l'affaire Villemin.

Le 17 février, un correspondant anonyme téléphone au commissaire Guénot devenu une célébrité locale. L'homme parle, raccroche, rappelle trente fois. Il donne quelques détails. L'enfant aurait mangé une banane. La sodomisation n'a pas été accompagnée d'éjaculation.

Les policiers en tirent la conclusion que l'homme, directement ou indirectement, connaît des détails qui ont encore échappé à la presse. Il se trouve dans la région lyonnaise.

Les recherches cependant n'aboutissent pas.

Le 23 mai, les policiers de Carcassonne interpellent un jeune homme de 19 ans, Patrick Thomas, pour un vol de voiture. Ils trouvent sur lui la photo de l'enfant découpée dans un journal et le texte de l'appel à témoin. Ils communiquent leur trouvaille aux policiers de Valence. Ceux-ci se rendent au 75e RI de Valence où Patrick Thomas était soldat. Ils apprennent que celui-ci était en permission au moment du meurtre. Ils se précipitent à Carcassonne, et interrogent le suspect. « Faute d'éléments, dit la correspondante de *Libération,* ils bluffent » et bluffent si bien que le jeune homme avoue, en réponse aux questions qui lui sont posées.

Patrick Thomas est immédiatement déféré devant le juge Robbe, devant qui il renouvelle ses aveux.

Le juge Robbe, membre du très progressiste Syndicat de la magistrature, se méfie des avocats. Il conduit l'adolescent au parc Jouvet et procède à la reconstitution sans avocat. Patrick Thomas est écroué à la prison de Valence. Dix jours après, il écrit au juge pour revenir sur ses aveux.

S'il avait sur lui la photo de l'enfant et l'appel à témoin, c'est qu'il était bouleversé par le fait divers. Le soir du meurtre, il était à Carcassonne où il a traîné de café en café. Ses aveux lui ont été soufflés par la police. Il a avoué pour faire parler de lui et « être pris en charge ».

Comme on se suicide !

Le juge n'en croit rien. L'appel à témoin retrouvé sur Patrick Thomas est annoté à la main, avec des détails sur la tenue de l'enfant.

Un expert est nommé. Il affirme que l'écriture est bien celle de Patrick Thomas. Mais ce dernier nie et n'en démord pas. Bientôt, le commissaire Guénot doit admettre que les annotations sont de sa propre main. C'est donc lui que l'expert, persuadé qu'il s'agissait de Thomas, décrit comme un sujet légèrement arriéré et dangereux de surcroît.

Au tour des experts psychiatres. Ils décrivent Thomas comme « un pervers sexuel avec pronostic péjoratif ».

Après trois ans et demi, le juge a bouclé son dossier. Pour lui, comme pour le procureur de la République M. Anap, également membre du Syndicat de la magistrature, Thomas est coupable.

Mais ce n'est pas l'avis du substitut Plantard, membre de l'Association professionnelle des magistrats, réputée de droite et répressive. Dans un réquisitoire supplétif de trente-quatre pages, il taille en pièces le travail du juge d'instruction et réclame des vérifications.

Le 22 janvier 1988, la cour d'appel de Grenoble annule la reconstitution faite en violation des droits de la défense.

Le 12 janvier, la même cour d'appel a remis Thomas en liberté sur un moyen de procédure soulevé par le procureur. En violation de l'article 145 du CPP[1], Thomas n'a pas été entendu pendant quatre mois. Il doit être libéré d'office.

Le 16 février, un renseignement « anonyme » parvient à la brigade des mœurs de la Sûreté urbaine de Lyon. Bruno M., vingt-huit ans, connu pour fréquenter les milieux homosexuels, serait en possession d'informations relatives au viol et au meurtre d'un garçon de huit ou neuf ans commis il y a quatre ou cinq ans dans la région d'Avignon.

Les policiers découvrent que Bruno M. entretient des relations avec un boulanger de Villeurbanne, Daniel D., déjà condamné en 1982 pour le viol d'un mineur de huit ans. Daniel D. « est connu dans les milieux homosexuels lyonnais comme un homme très violent ». Pour les policiers, « un rapprochement peut être effectué avec le meurtre de François Gérard ».

Le 23 février, un policier rédige une note faisant la synthèse de ces informations. Le commissaire Guénot, maintenant en poste à Lyon, se rend à Valence remettre le rapport en main propre au juge Robbe.

Le juge Dany, qui a succédé au juge Robbe

1. Code de procédure pénale.

pour l'instruction de cette affaire, dit n'avoir jamais vu cette note.

Quant au juge Robbe interrogé par une journaliste, il déclare : « Si j'ai eu cette information, ça m'est sorti de la tête. »

Les faits de l'instruction ainsi rappelés, peut-on conclure encore que le procès est une longue quête consensuelle de la Vérité par tous les membres de la grande famille judiciaire, magistrats assis et debout, avocats de la défense, avocats de la partie civile et policiers, tous fidèles serviteurs de Thémis ? Ou bien que, même dans une affaire sans connotations politiques ni implications financières, le procès est un combat entre au moins deux hypothèses vraisemblables. Que le plus habile l'emporte ! C'est ce qui donne à la Vérité judiciaire toujours un goût un peu amer. Mais on peut aimer l'amertume !

Le dialogue du père et de l'assassin présumé de l'enfant pose une autre question, celle-là fondamentale. Qu'est-ce que l'homme ? Qu'est-ce que l'humain ? Qu'est-ce que l'inhumain ? Une bête n'est pas inhumaine, seul l'homme peut être inhumain. L'inhumanité fait encore partie de l'homme.

L'humanité ne se divise pas en deux parties dont l'une serait tout humaine et l'autre tout inhumaine, ainsi que le rappelait, au lendemain de la dernière guerre mondiale, le grand écrivain italien Elio Vittorini.

Si le jeune François Gérard avait été horriblement déchiqueté par une panthère échappée d'une ménagerie, par un de ces chiens que leurs maîtres dressent pour le combat, nous compatirions bien sûr à son sort, nous plaindrions son père.

Mais son père et nous-mêmes, nous ne nous poserions pas de questions parce qu'il n'y aurait rien à comprendre. Ce qui fait que le père veut rencontrer celui que le juge lui a désigné comme l'assassin de son fils, c'est qu'il n'arrive pas à le comprendre et qu'il sent obscurément pourtant que cela doit être possible.

« J'ai parlé à Patrick Thomas sans ressentir de haine à son égard... »

« Il était vivant face à moi. C'était un type désarmé, faible, avec ses tares, et moi je ne me sentais pas supérieur. »

« J'ai voulu conjurer le désarroi, le gâchis, l'absurdité et dans l'horreur j'ai voulu me battre pour comprendre, pour retrouver la force de vivre. C'est une goutte d'eau dans l'océan. Je ne suis ni gourou, ni rien. Seulement un homme relié aux autres, un parmi eux. »

« Ma souffrance peut être changée en vie, c'est tout. »

« Loin d'affaiblir ma foi en l'homme, tout ce que j'ai vécu depuis cinq ans l'a éclairée et la seule peine de mort que je réclame, c'est la peine de mon mort[1]. »

Mais comprendre, n'est-ce pas déjà aimer ? Le mot est de Bernanos.

Comprendre, n'est-ce pas déjà réintégrer l'autre dans l'humain ? Un dialogue suppose forcément un rapport d'égalité. Le criminel n'est pas différent de nous. C'est un homme aussi, avec deux yeux, deux mains, un sexe et un cœur.

L'aptitude au crime, c'est-à-dire à l'infraction, n'est pas un signe d'animalité, de bestialité, c'est au contraire un signe d'hominisation.

C'est pourquoi placer au départ de tout procès un a priori moral, une exclusive, c'est s'exposer à ne plus rien comprendre.

Quand je défends un homme accusé à tort

1. *Libération*, 15 novembre 1989.

ou à raison des pires méfaits, ce n'est pas lui que je plains, ce sont ceux qui ne comprennent pas que je puisse le faire. Certes, concèdent-ils, il a le droit d'être défendu, mais pas par vous. Mais c'est précisément parce qu'on n'imagine pas que je puisse le faire, que je dois le faire. Défendre les copains est tellement plus facile. Le crime est comme le Soleil. Certains ne peuvent pas le regarder en face. C'est pourquoi devant des crimes affreux comme celui des infirmières qui tuaient leurs patients la nuit dans un hôpital de Vienne, ou celui de Thierry Paulin qui égorgeait les vieilles dans leurs mansardes à Paris, ou celui de cet étudiant japonais qui dépeça et mangea la jeune fille qu'il désirait, la raison recule. Pour exclure l'assassin de la société des hommes, on fait appel aux experts dont on espère un diagnostic de folie. Mot magique qui évite de réfléchir.

Réfléchissons, justement. Rappelez-vous le dernier film qui vous a émus, le dernier roman qui vous a bouleversés, la dernière pièce de théâtre qui vous obsède encore. De quoi s'agit-il, sinon d'un crime ? Il me serait trop facile de citer en exemple tous les drames de Shakespeare et tous les romans de Dostoïevski. Même en quittant cet univers torride, on ne quitte pas le crime.

Il est là, omniprésent comme dans la vie, dans Stendhal et dans Laclos, dans Gide et dans Thomas Mann, dans Kundera et dans Truman Capote ou Norman Mailer, chez François Mauriac et Julien Green.

C'est le criminel que le romancier place en majesté au centre de son roman, qu'il s'incarne dans Julien Sorel ou dans Gatsby, dans Thérèse Desqueyroux ou dans la marquise de Merteuil.

C'est à lui que le metteur en scène donne le visage de Gabin, de Gérard Philipe ou d'Orson Welles.

C'est lui que, lecteur ou spectateur, nous interrogeons sur cette part d'ombre et de dangerosité que nous sentons en nous qui que nous soyons, quand, seul comme peut l'être un homme qui lit ou une femme qui regarde, nous nous interrogeons sur nous-mêmes.

« La beauté, disait Dimitri Karamazov, est une chose terrible et affreuse. C'est là que le Diable entre en lutte avec Dieu, et le champ de bataille, c'est le cœur de l'homme. »

Les bêtes n'ont pas ce souci. Elles vivent heureuses, sans rêves et sans remords depuis des millions d'années. Dans la ruche, les ouvrières butinent, la reine pond. Dans l'océan, les marsouins évoluent en troupes joyeuses. Dans la savane, la lionne mange la gazelle, c'est la règle, elle ne tue pas ses enfants comme Médée. C'est seulement dans la société humaine que les ouvrières un jour décident de ne plus butiner des fleurs stupides, sept jours sur sept, les reines réclament l'interruption volontaire de grossesse, et les hommes, à la différence des loups, se mangent entre eux.

Mais du même coup la société humaine, à la différence de la société animale, cesse d'être répétitive, elle change sans cesse. Elle conquiert une histoire. L'individu fait son apparition. Il a un Destin.

De ces changements qui remettent en cause tout absolu, nous vivons l'expérience au cours d'une simple vie d'homme.

Quand j'étais avocat stagiaire, il m'est arrivé souvent d'être commis pour défendre devant le tribunal correctionnel des étudiantes qui s'étaient fait avorter, audiences d'une tristesse infinie où les jeunes filles se culpabilisaient elles-mêmes, humiliées de se retrouver assises au côté d'une faiseuse d'anges sordide, affolées à l'idée qu'un ami, une connaissance, un journaliste indiscret pût se trouver dans la salle.

Aujourd'hui, elles regardent songeuses leur chère enfant se rendre à la pharmacie, avec à la main l'ordonnance d'un médecin qui ne risque plus rien.

Il m'est arrivé aussi souvent d'être désigné pour les défendre par des militants du FLN poursuivis pour ce qu'ils considéraient comme des actes de guerre, et les tribunaux comme des homicides volontaires voire des assassinats. Je me rappelle l'atmosphère électrique des procès, la haine des commissaires du gouvernement, les huées de la salle, les admonestations de l'Ordre qui ne fut pas très brave.

Aujourd'hui, quand mes clients débarquent à Orly, le protocole déroule un tapis rouge sous leurs pas.

Ces propos peuvent indigner. Leur esprit est pourtant celui de l'Évangile. Depuis que l'Homme a goûté à l'arbre de la connaissance qui est en même temps celui du mal, il a quitté définitivement le vert paradis sans rêves ni remords. Il vit le monde du péché : le nôtre. Marchant à grands pas vers l'Inconnu, lendemains qui chantent ou catastrophe finale.

Ce monde sue le crime, disait Baudelaire, mais qu'il serait ennuyeux sans lui !

Ce n'est ni Maistre, ni Barbey d'Aurevilly, ni Léon Bloy, ni Bernanos, ces flamboyants hérauts du catholicisme le plus traditionnel, qui me démentiraient.

On connaît le mot de Lacordaire, alors qu'on le félicitait après un admirable sermon : « Le Diable me l'a déjà dit. »

Revenons à Patrick Thomas, le meurtrier présumé de François Gérard. Fasciné par le crime ou vrai coupable, écrit Mme Dominique Conil [1], il aspire à un jugement. Malgré le risque que ce procès comporte et dont il est conscient.

— Comment pensez-vous que cela va se passer ? lui demande-t-elle.

— Mal, je pense, dit-il, c'est joué d'avance.

La question se pose alors. Pourquoi désire-t-il un procès ? Parce que ce procès donnera un sens à son malheur. Innocent ou coupable, tout accusé est un vaincu, puisqu'il est entre deux gendarmes. Lui aussi veut comprendre. La vie de Patrick Thomas est un monotone échec. Après la condamnation de son père

1. *Libération*, 15 novembre 1989.

pour proxénétisme, il est confié à la DDASS, plus crûment l'Assistance publique. Il va de foyer en foyer. Puis retourne chez sa mère après une opération d'un kyste au cerveau. Puis c'est l'armée qui ne veut plus de lui.

« Moi, dit-il, j'ai vécu certains moments de la vie que des fois je préférerais... J'ai essayé de faire quelque chose mais je devenais de plus en plus marginal. »

Et puis ce furent les aveux, pour appeler au secours, pour qu'on l'aide, pour qu'on le comprenne.

Je pense à un accusé beaucoup plus fort que lui, un aristocrate, un Prussien, Ernst von Salomon.

Cadet dans une école militaire, Ernst von Salomon assiste à l'âge de dix-sept ans au naufrage de l'Empire allemand. C'est le lynchage des officiers dans la rue. La Révolution, la Commune à Munich, Hambourg, Berlin. L'occupation française. Il s'engage dans les corps francs de la Baltique, le célèbre Balticum, se bat en Silésie, à Berlin dans la répression de la révolte spartakiste, est démobilisé. Amer et révolté par la faiblesse et le cosmopolitisme de la république de Weimar, il se laisse entraîner dans un complot par le jeune officier de marine Kern qui projette d'assassiner Walter Rathenau, le ministre des Affaires étrangères de la République. Rathenau est tué. Cerné dans un château abandonné, Kern est tué. Son ami Fisher qui l'accompagne se suicide. Von Salomon est arrêté, traduit devant un tribunal et condamné à six ans de détention.

Dès sa sortie de prison, sa peine entièrement purgée, il publie l'histoire de sa courte vie, sous le titre *Les Réprouvés*. Son premier chef-d'œuvre. Un écrivain est né.

Les Réprouvés, dont la composition est encore très scolaire, se compose de trois parties de onze chapitres chacune, intitulées « Les réprouvés », « Les conjurés », « Les criminels », c'est-à-dire « Avant le crime », « Le crime », « La sanction ».

À lire le procès tel que le décrit Ernst von Salomon, on sent à la fois sa révolte et l'incapacité où il s'est trouvé de l'exprimer, de donner à son crime sens et justification. Voix des sans-voix, son avocat allait-il prendre le relais ? Pas du tout, et on s'en rend compte à lire le récit de von Salomon plein de tendresse et de gratitude pour son vieux défenseur soulevant des points de droit devant des juges aux ordres, résolus à ne pas les entendre.

Tout chef-d'œuvre obéit à une nécessité.

La nécessité des *Réprouvés* est précisément d'être cette plaidoirie que Ernst von Salomon n'a pas entendue, ce discours qu'il n'a pas tenu.

Par son livre, il tente de donner une réponse au cri d'angoisse qui monte des générations sacrifiées. À quoi bon ma vie ? À quoi bon toute vie ?

Si von Salomon et ses amis s'engagent dans les corps francs, écrivait Jacques Benoist-Méchin dans son *Histoire de l'armée allemande*, ce n'était peut-être pas tant par patriotisme que par mépris pour tout ce qui les entourait, pour ceux qui les acclamaient comme pour ceux qui les bafouaient.

Grâce à Ernst von Salomon, ces réprouvés ont désormais un visage.

Les premières visites d'André Gide quand il découvrait une ville étaient pour le marché et le palais de justice, les seuls lieux en effet où l'on peut rencontrer la foule.

C'est moins chez Régine, ou dans le salon Pompadour à l'Élysée que sur les bancs de la cour d'assises qu'on peut rencontrer des hommes symboles de notre temps.

À condition que la médiation judiciaire puisse jouer, que l'accusé ou son avocat puisse sculpter dans le marbre brut du crime une figure exemplaire : Gilles de Rais, Mandrin ou Lacenaire.

Jeanne d'Arc ne serait pas sainte sans son procès, ni Jésus Dieu sans la Passion. Mais son inculture malheureusement prive souvent l'accusé de tout pouvoir d'expression, et son éducation lui ôte le courage de prendre la pose pour l'Éternité. Et malheureusement aussi, une conception moralisatrice très répandue dans la profession fait de l'avocat routinier un guérisseur avec quelques secrets, le contraire d'un esthète et d'un créateur.

Patrick Thomas n'est pas doué pour la parole. Dans son duel avec le père de François, il parle peu, rarement juste et bredouille souvent.

Quand le père lui demande :

— Enfin, quelle image de toi as-tu ?

Il répond :

— Enfin, pas obligé, ça... Mais à cette époque-là, j'avais pas mon frère... Je sais pas... Je me suis accusé... Pour moi c'était clair, ils allaient voir mon innocence, pour moi, c'était clair, ils allaient m'aider.

Condamné depuis à une lourde peine de réclusion par la cour d'assises de Grenoble, souhaitons-lui la chance d'un autre adolescent perdu, Antonin Berthet, condamné à mort par la même cour d'assises.

De son histoire, Jean Prévost, qui devait tomber dans le Vercors en 1944 face à Klaus Barbie, a fait un roman. Un roman fidèle à la réalité, puisqu'il suit pas à pas les archives du procès et la plaidoirie de la défense.

Fils d'un pauvre forgeron, Antonin Berthet, après des études au séminaire, entre comme précepteur dans une famille noble et devient l'amant de la mère de son élève. Chassé par le mari, il trouve une place dans une autre famille. Soupçonné d'avoir une aventure, avec la sœur de son élève cette fois, on le chasse de nouveau. Rencontrant son ancienne maîtresse dans une église, il tire sur elle et la blesse.

Son avocat l'a dépeint comme une victime irresponsable. Il fut exécuté le 23 février 1828 à l'âge de vingt-cinq ans.

Lecteur assidu de *La Gazette des tribunaux*,

Stendhal lut le récit du procès dans les numéros du 28 au 31 décembre 1827. Plus lucide que l'avocat, plus orgueilleux pour lui que l'accusé lui-même, suivant pas à pas la trame de l'affaire, Stendhal fera de lui, nommé maintenant Julien Sorel, le héros de toute une époque, l'enfant d'un siècle orphelin de Napoléon, qui refuse tout à la fois la médiocrité générale et les règles de la morale ordinaire, avide moins de profit que de satisfactions d'orgueil, ivre de bonheur aussi et refusant la honte d'une conversion, d'un abaissement pour sauver sa vie : « Que me restera-t-il si je me méprise moi-même ? J'ai été ambitieux, je ne veux point me blâmer. Maintenant je vis au jour le jour. Mais je me ferais fort malheureux si je me livrais à quelque lâcheté. »

Stendhal plus que saint Yves devrait être célébré comme le patron de notre profession. Car la justice ne doit pas être la charité mais la compassion, pas la morale mais la volonté d'explorer, d'éclairer la part de ténèbres qui est en chacun de nous, la Justice doit faire œuvre de création comme le théâtre, le cinéma ou le roman.

Personne ne peut nier son caractère de spectacle. Alors, tirons-en les conséquences.

Récemment à Lille, l'Union des jeunes avocats m'avait invité à débattre avec M. Daniel Mesguich, directeur du théâtre de la Salamandre, sur le thème : « L'avocat est-il un homme de théâtre ? »

Nous convînmes tous deux que non. Le spectacle judiciaire est autonome. Avec son rituel, ses contraintes, il ne peut être assimilé à aucun autre.

Certes, le fond, le terreau du drame est le même : le conflit de l'individu avec le groupe, de l'homme avec les forces de l'univers.

L'interrogation est la même : qu'est-ce que l'homme ? D'où venons-nous ? Où allons-nous ? Pourrions-nous être autre ?

Mais dans le théâtre, le drame est illusoire, les héros appartiennent à la légende comme Thésée ou Siegfried, ou à l'Histoire comme Wallenstein ou Jeanne d'Arc, à l'imaginaire comme Ubu ou Godot. Dans le procès, ils sont vivants et appartiennent à la vie de tous les jours, s'appellent Martin et Durand.

Nous assistons dans un procès à un drame en train de s'accomplir sous nos yeux. Dans la tragédie d'Euripide ou dans celle de Racine, nous savons à l'avance que Phèdre va se suicider ; dans un procès, nous ignorons jusqu'au bout le sort de l'accusé. C'est ce qui donne au procès son côté aléatoire, son image tremblée qui nous fascinent. Le suspens dans le théâtre est intellectuel, dans le procès il est, tout simplement.

Mais l'incertitude dans le procès ne concerne pas seulement l'issue, elle concerne les faits eux-mêmes.

Antigone a violé les lois de la cité au nom de lois plus hautes. Si elle ne l'avait pas fait, elle ne serait plus Antigone.

Dans le procès, les faits eux-mêmes sont incertains. Simone Weber a-t-elle empoisonné son mari ? L'accusation dit oui, mais la cour d'assises lui a donné tort et choisi la thèse de la défense.

Simone Weber a-t-elle d'un coup de feu tué son amant et a-t-elle découpé son corps en morceaux pour le faire disparaître ? Oui, dit encore l'accusation. Non, dit la défense à qui la cour d'assises cette fois-ci a donné tort.

Mais existe-t-il une preuve certaine de son innocence dans un cas, de sa culpabilité dans l'autre ? Aucune.

C'est que, dans une tragédie comme dans un roman, l'auteur est omniscient. Il entend le monologue intérieur de la femme bafouée dans sa cuisine. Il lit les pensées inexprimées, les désirs obscurs de l'assassin dont le cœur et l'esprit sont pour lui des livres ouverts. Alors que, dans un procès, l'accusé reste jusqu'au bout une énigme, même quand il avoue.

Le dramaturge, par la suite, ou le romancier peuvent donner un sens au drame ou tout au moins orienter notre réflexion sur le sort de l'homme sans Dieu des romans de Dostoïevski ou sur la folie du pouvoir des héros de Shakespeare.

Dans le procès, en revanche, compte tenu de l'incertitude sur les faits et de la personnalité opaque de l'accusé, la leçon des événements est ambiguë.

Il y a la leçon que tire le procureur mais il y a en face celle que tire la défense, et les deux sont antinomiques.

Dans un procès de parricide que je plaidai naguère à Laon, une jeune fille était accusée d'avoir tué son père dans des conditions horribles : après l'avoir étranglé, elle l'avait achevé à coups de club de golf. Le débat avait porté sur la participation exacte de sa mère et de son amant.

Pour l'accusation, la mère était la véritable organisatrice du meurtre doublé d'une escroquerie à l'assurance. Pour la défense, qu'assurait un jeune confrère plein de talent, la mère était un pauvre être infantile et battu, mené par les événements.

Logiquement, l'accusation réclamait pour elle la réclusion criminelle à perpétuité, la défense de larges circonstances atténuantes. En lui infligeant dix-huit ans de réclusion, la Cour laissait ouvertes les deux hypothèses.

Le déroulement du procès donne ainsi à l'avocat de la défense et au procureur un rôle particulier qu'on ne retrouve dans aucun autre spectacle, tragédie grecque ou classique, drame romantique ou opéra. Tous les deux sont à la fois spectateurs d'un drame en train de se dérouler, acteurs mais aussi coauteurs, puisque de leur intervention va dépendre l'issue heureuse ou non du conflit.

Dans la procédure française, en face du dossier de l'instruction préparé par le juge d'instruction, l'avocat et le procureur sont comme des monteurs de cinéma devant des rushes. Chacun, choisissant dans le dossier ce qui lui convient : aveux, témoignages, expertises, en fait un montage et raconte une histoire non pas vraie (la Vérité est fondamentalement hors de portée de la Justice), mais vraisemblable.

Et la Cour d'abord, l'opinion ensuite, devront choisir entre ces deux versions. Laquelle des deux triomphera à la fin ? Non pas la plus vraie, mais la plus belle. Les contraintes du procès imposent inéluctablement à chacun son style.

Requérant au nom de la société, c'est-à-dire de la bonne société, celle qui a le pouvoir au sens le plus large du terme, le procureur donnera à son récit le lieu commun consensuel comme trame. À l'origine du drame, il mettra, suivant l'époque, l'incroyance, la drogue, la liberté des mœurs, voire la lutte des classes, condamné ainsi au roman de gare, au théâtre d'idées, au réalisme socialiste, branche littéraire pas forcément mineure, qui a ses Sartre, ses Sulitzer et ses Truche.

L'avocat par contre est condamné à choquer car il est sûr de perdre s'il reste sur le terrain du consensus. À lui de donner au drame une signification sociale inattendue, de faire d'Antonin Berthet Julien Sorel, de Klaus Barbie le prototype d'un héros tragique de notre temps, l'officier subalterne d'une armée d'occupation allemande, russe, américaine ou française dans un pays où une partie de la population résiste, Algérie, Viêt-nam, France ou Afghanistan.

Si le drame échappe à la politique : crimes de la passion amoureuse, de la jalousie, de la cupidité, à l'avocat d'explorer la part d'ombre qu'il y a en nous afin que chacun y reconnaisse ses pulsions les plus enfouies et son frère dans le meurtrier.

C'est pourquoi jamais deux procès ne se ressemblent malgré les contraintes scéniques plus impérieuses ici que dans n'importe quel autre spectacle.

Dans un lieu clos, dans un temps déterminé, toujours les mêmes acteurs aux mêmes places.

Au fond, face au public, les douze juges et jurés, au milieu le président en robe rouge parlant assis.

À droite, en robe rouge également, le procureur parlant debout.

À gauche, l'avocat en robe noire, l'accusé en civil parlant debout.

Au centre, faisant un tour avant de disparaître, les témoins, le passé en flash-back.

Le déroulement du procès est également immuable. Le président tire au sort les jurés comme pour indiquer dès le départ que le hasard doit y avoir sa place.

Cela fait, un greffier en robe noire lit l'acte d'accusation comme un récitant au théâtre. Le président interroge ensuite l'accusé, que le procureur aura la possibilité d'interroger après lui, mais avant la défense.

Les témoins enfermés dans une salle où ils sont censés ne pas parler entre eux de l'affaire, ce qui est une pure fiction, viendront à l'appel du président transmis par huissier, l'un après l'autre, faire une déclaration dite spontanée à la suite de laquelle le président d'abord, l'accusation et la défense ensuite pourront poser des questions.

Puis, le procureur prononcera un réquisitoire, et la défense sa plaidoirie. L'accusé aura enfin le dernier mot... s'il le veut, s'il le peut.

Et la Cour se retirera pour délibérer, reviendra après une ou plusieurs heures rendre son verdict.

Chacune de ces phases est accompagnée de paroles sacramentelles, toujours les mêmes, dont l'oubli peut provoquer la cassation.

Et pourtant, le procès du richissime Parisien M. Calmels, meurtrier de sa femme, ne ressemble pas à celui des quatre jeunes parachutistes de Toulouse, violeurs et meurtriers de trois jeunes filles.

Le procès des assassins présumés du juge Michel à Aix ne baigne pas dans la même lumière que celui de la jeune parricide de Laon.

Dans ce cadre très étroit, l'invention gardera sa place, d'autant plus efficace que le matériau scénique est résistant.

La dernière semaine du procès de Klaus Barbie, un avocat congolais et un avocat algérien m'encadrèrent, brisant par leurs seules taches de couleur toute la symbolique apparente du procès : l'Humanité s'asseyait au banc de la défense face aux quarante petits blancs des parties civiles.

Personnage unique, mythique et réel, multiforme comme toutes les grandes figures de l'Histoire, il y a une Jeanne d'Arc gothique et une Jeanne Renaissance, une Jeanne classique et une Jeanne des Lumières, une Jeanne romantique et une Jeanne nationaliste — à qui Charles Maurras et Maurice Thorez rendent hommage en même temps. Jeanne d'Arc nous est connue essentiellement par le procès où elle fut condamnée, ouvert le 9 janvier 1431 et clos le 31 mai sur le bûcher de la place du Vieux-Marché à Rouen.

Ce procès est la plus grande victoire de Jeanne. Non pas que sans lui le personnage serait banal. L'image de cette adolescente chef de guerre est déjà extraordinaire. Mais c'est le procès qui tout à la fois lui donne une épaisseur humaine et la sanctifie.

Jeanne d'Arc, nous le savons, était illétrée. Elle ne savait ni lire ni écrire. Le procès n'a donc pu se faire en latin mais en français, un français populaire dont le scribe a gardé le suc et la force : « Et vint cette voix en l'heure de midi, au temps de l'été, dans le jardin de mon père. »

Qui relit aujourd'hui les minutes de ce procès ne peut qu'acquiescer à ce qu'en disait Robert Brasillach en 1941, dans une préface à une édition abrégée :

« Le plus émouvant et le plus pur chef-d'œuvre de la langue française n'a pas été écrit par un homme de lettres. Il est né de la collaboration abominable et douloureuse d'une jeune fille de dix-neuf ans visitée par les anges et de quelques prêtres mués pour l'occasion en tortionnaires.

« Des notaires peureux ont écrit sous la dictée et c'est ainsi qu'a pu nous parvenir ce prodigieux dialogue entre la Sainteté, la Cruauté et la Lâcheté qui laisse derrière lui tous les dialogues imaginaires qu'avait produits le génie du Moyen Âge. »

Elle décrit son enfance dans une famille de laboureurs, c'est-à-dire de paysans aisés.

Pieuse, influencée par les ordres mendiants, vouant un culte particulier à la Vierge Marie, elle n'en participe pas moins aux fêtes villageoises, marquées d'un paganisme ingénu, incarnation selon Barrès du mythe de la chapelle et de la prairie. Jusqu'à ce que les voix des saints — saint Michel, sainte Catherine, sainte Marguerite — lui ordonnent de chasser l'Anglais hors de France et de faire sacrer Charles VII à Reims.

Éconduite une première fois en mai 1428 — elle a seize ans — par le sire de Baudricourt, représentant du roi à Vaucouleurs, qui la traite de folle, elle ne renonce pas à son projet et revient le voir le 12 février 1429. Cette fois-ci, elle a plus de chance. Baudricourt lui accorde une escorte pour rejoindre le roi à Chinon, où elle arrive le 25 février.

Le roi, indécis, la reçoit d'abord en présence de son entourage ; à sa surprise, elle le reconnaît entre tous. Au cours d'un entretien privé, elle le convainc de sa mission. Confiée par lui aux théologiens de Poitiers, elle prédit à ces derniers qu'elle délivrera Orléans, fera sacrer le roi à Reims et enfin délivrera Paris. Le roi, alors, en fait un chef militaire. Une chevauchée de cinq mois commence.

Le 8 mai, Orléans est délivrée. Puis, c'est le tour de Jargeau, Meung et Beaugency. Le

18 juin, les Anglais sont battus à Patay. Le 17 juillet, Charles VII est sacré à Reims.

Jeanne d'Arc vient de réaliser deux de ses promesses.

Mais l'heure du chef de guerre est passée, vient l'heure de l'épreuve, de la Sainteté.

Au cours d'un assaut mené par le duc d'Alençon, elle est blessée devant Paris le 8 septembre 1429.

Isolée entre ses ennemis à la cour de France et ses ennemis anglais, Jeanne est faite prisonnière devant Compiègne le 23 mai 1430 par Jean de Luxembourg, un reître au service des Bourguignons, qui la vend aux Anglais. Ceux-ci la remettent alors à l'Église pour un procès d'inquisition en matière de foi.

Le choix qui lui est proposé est simple : abjurer publiquement ses erreurs ou mourir.

Jeanne tient tête quatre mois et demi. Le 24 mai, dans un moment de faiblesse, elle abjure mais se reprend aussitôt. Trois jours après, elle va mourir.

Dans ce procès où elle est seule, abandonnée du roi et des seigneurs, en butte à l'hostilité de l'Église au service de l'ennemi, Jeanne fait face avec vaillance. La jeune fille devient, dans ses réponses directes aux questions sournoises de ses juges, une sainte casquée :

— Les voix vous ont-elles défendu de dire la vérité ?

— Voulez-vous que je vous dise ce qui ne va qu'au roi de France ? Il y a moult de choses qui ne touchent pas le procès. Je sais bien que mon roi gagnera le royaume de France et cela, je le sais bien comme je sais que vous êtes devant moi en juges. Je serais morte, n'était la révélation qui me conforte chaque jour.

Ou encore :

— Quel signe avez-vous donné à votre roi pour lui montrer que vous veniez par Dieu ?

— Je vous ai toujours dit que vous ne le tireriez pas de ma bouche. Allez lui demander.

— Avez-vous juré de ne pas révéler ce qui vous serait demandé touchant le procès ?

— Je vous ai autrefois dit que je ne vous dirai pas ce qui touche et ce qui va à notre roi. Et sur ce qui va à notre roi, je ne parlerai pas.

Ou encore :

— Croyez-vous que vous soyez sujette de l'Église ?

— Oui, Notre Seigneur premier servi.

Ou encore :

— Vous dites que vous êtes mon juge, je ne sais si vous l'êtes mais avisez-vous bien que vous ne me jugiez mal, que vous vous mettiez en grand danger. Et je vous en avertis afin que si Notre-Seigneur vous en châtie, j'ai fait mon devoir de vous le dire.

Les juges la jugèrent mal.

À 8 heures le 31 mai, Jeanne fut revêtue de la tunique de toile écrue et soufrée, coiffée d'une mitre où on lisait : « hérétique, relapse, apostate, idolâtre » et conduite sur un échafaud en face du bûcher sur la place du Vieux-Marché. Le clergé sur une tribune, les juges civils sur une autre.

On la mena au bûcher. On la lia au poteau. Elle parla :

— Les voix que j'ai eues étaient de Dieu. Tout ce que j'ai fait, je l'ai fait par le commandement de Dieu ! Non, mes voix ne m'ont pas déçue. Les révélations que j'ai eues étaient de Dieu.

Puis elle cria d'une voix forte : « Jésus ! »

Le bourreau ne put réduire son cœur en cendres et le jeta à la Seine.

Jean Tressard, secrétaire du roi d'Angleterre, dit :

— Nous sommes tous perdus ! Nous avons brûlé une sainte !

Jean Alespée, chanoine de Rouen et un de ses juges, dit :

— Je voudrais que mon âme fût où je crois qu'est l'âme de cette femme.

Quand Raskolnikov se prosterne devant Sonia, Gide l'a déjà noté, ce n'est pas seulement devant la souffrance humaine qu'il s'incline, c'est aussi devant le péché.

« *Il est un temps pour la souffrance*
Quand Jeanne vint à Vaucouleurs
Ah coupez en morceaux la France
Le Ciel avait cette pâleur
Je reste roi de mes douleurs »

écrivait Aragon en septembre 1940.

Unir les voix par ailleurs opposées de Brasillach et d'Aragon, tel est l'un des miracles que peut encore accomplir Jeanne, cinq siècles après son procès et son supplice, par la vertu de ce procès et de ce supplice.

À la différence de la Vie qui est opaque et trouble, la vérité judiciaire, surtout quand triomphe l'accusation, est claire et irréelle, elle peut même atteindre la plus grande fantaisie, surtout quand le criminel a de l'humour et assez d'intuition pour se mettre dans la peau de l'enquêteur. Mais comme le juge est dupe et le coupable narquois et silencieux, personne n'en sait rien. C'est donc à la littérature d'imagination qu'il faut nous adresser. Dans « La mort et la boussole[1] », Jorge Luis Borges nous fournit un exemple de ce développement logique d'un postulat absurde et de sa métamorphose en réalité.

À l'hôtel du Nord, on découvre un matin dans sa chambre le rabbin Yarmolinsky, le visage déjà noir, un poignard enfoncé dans sa poitrine.

La solution paraît évidente au commissaire Treviranus, le simple : le voisin de Yarmolinsky à l'hôtel possède les plus beaux saphirs du monde. Le voleur s'est trompé de cible et a été obligé de tuer le rabbin.

« Possible, mais c'est sans intérêt », estime le commissaire Lonnrot, le subtil, qui, s'agissant d'un rabbin, préférerait une explication plus rabbinique, d'autant qu'un des agents a trouvé sur la machine à écrire de Yarmolinsky une feuille de papier portant cette sentence inachevée : « La première lettre du Nom a été articulée. »

Sur ces prémices élégantes va commencer la plus extravagante enquête. Lonnrot, comme le dévoile le rédacteur de la *Yiddische Zeitung*, se met à étudier les noms de Dieu pour trouver le nom de l'assassin.

1. In *Fictions*, Gallimard, 1951.

Le second crime a lieu juste un mois après à l'ouest de la ville, dans une impasse. Daniel Simon Azevedo, un homme de main, est retrouvé un poignard dans la poitrine. Sur le mur, a été écrit à la craie : « La seconde lettre du Nom a été articulée. »

Le troisième crime a lieu juste un mois après dans l'est de la ville, dans un meublé situé entre un bordel et des marchands de bibles. Un nommé Ginzberg est parti soutenu par deux arlequins masqués. Dans sa chambre, il laisse une flaque de sang et un livre en latin : le *Philologus Hebraeo-Graecus*. Sur l'auvent de l'hôtel, un des arlequins écrit : « La dernière lettre du Nom a été articulée. »

« Et si l'histoire de cette nuit avait été un simulacre », dit Treviranus le simple.

Lonnrot le subtil hausse les épaules.

La nuit du 1er mars, Treviranus reçoit une lettre signée Baruch Spinoza contenant un plan minutieux de la ville. Elle prophétise que le 3 mars, il n'y aura pas de quatrième crime car l'impasse à l'ouest, le cabaret à l'est et l'hôtel du Nord sont « les sommets parfaits d'un triangle équilatéral et mystique ».

« Lonnrot étudie les documents et vérifie en effet l'équidistance des trois lieux. Symétrie dans le temps (3 décembre, 3 janvier, 3 février), symétrie dans l'espace, aussi. » Il sourit.

Après trois mois de réflexion, il éprouve enfin un sentiment de soulagement. L'explication des crimes tient dans un triangle et dans un mot grec, Tetragrammaton, qui est l'ineffable nom de Dieu. Le mystère lui paraît cristallin. Un compas lui indique le lieu du crime, le quatrième *(tetra)* : une demeure abandonnée, perdue dans un grand parc.

Lonnrot visite cette demeure étrange de la cave au grenier. Alors que, par un escalier en spirale, il arrive au mirador, deux petits hommes (les arlequins) se jettent sur lui et le désarment. « Un autre très grand le salue gravement et lui dit :

— Vous êtes bien aimable. Vous nous avez épargné une nuit et un jour.

— Vous cherchez le Nom secret? demande Lonnrot.

— Non, dit-il, je cherche quelque chose de plus éphémère et de plus périssable. Je cherche Erik Lonnrot. »

L'homme, nommé Scharlach, est un criminel dont le frère a été arrêté et emprisonné par Lonnrot. Lui-même, dans la fusillade, a été blessé et pendant plusieurs jours il a cru mourir dans cette propriété désolée. Il a eu tout le temps de méditer sa vengeance. Mais c'est Lonnrot lui-même qui lui en a fourni le moyen. L'assassinat de Yarmolinsky était bien le crime crapuleux qu'avait deviné le commissaire Treviranus. Mais ayant lu les hypothèses de Lonnrot dans la *Yiddische Zeitung,* Scharlach a imaginé d'en faire un crime mystique, inspiré des sacrifices humains perpétrés par la secte des Hassidim. Le second crime, celui de l'ouest, lui a permis de se débarrasser d'un complice gênant. Le troisième, à l'est, était un pur simulacre. Ces trois crimes en appelaient un quatrième, celui qui déterminerait le losange parfait, symbole du Tetragrammaton — le Nom de Dieu, JHVH (Yahvé). Lonnrot est tombé dans le piège et quand il retrouvera son cadavre, Treviranus, qui deux fois a deviné juste, entrant dans le jeu de Lonnrot et Scharlach, ne pourra que penser à un crime rituel.

Ce sera désormais la seule vérité, la vérité judiciaire, à moins qu'un jour Scharlach écrive ses mémoires, ce qui semble peu probable. L'humour glacé des criminels est l'humour suprême. Il n'a pas besoin de témoins.

La justice comme combat

L'Univers est lutte et la Justice conflit.

HÉRACLITE d'Éphèse

LA Justice, dédaigneuse de cacher ce qu'elle est, apparaît toujours sans masque aux vaincus. La vision qu'en peut avoir un jeune vivant dans un pays colonial est, de ce point de vue, paradoxalement favorisée. Ayant passé mon enfance en Indochine française et à La Réunion, je suis un de ces étranges privilégiés.

Il y a entre la Justice venue du froid et le peuple réunionnais en effet un contentieux aussi vieux que l'histoire de l'île.

Quand, à la fin du XVIIe siècle, venus de gré ou de force de France, d'Afrique, de Madagascar ou de l'Inde, des hommes et des femmes s'y établissent, la Justice qu'on leur applique — la Loi, comme dit le Créole — n'est pas l'expression de la culture du plus grand nombre, ne prend pas sa source dans leurs besoins ni leurs rêves, n'exprime pas leur morale.

Au contraire, elle les nie en tant qu'êtres humains.

C'est la loi esclavagiste codifiée sous le nom de Code noir en 1723, enregistrée à Saint-Paul le 18 septembre 1724. Seize feuilles de parchemin encore visibles aux Archives de la Réunion.

Les cinquante-quatre articles de ces lettres patentes complétées par ordonnances régissent le statut de la majeure partie du peuple pendant les deux premiers siècles de son histoire, jusqu'en 1848.

Car ce qu'il faut bien poser comme base de départ, c'est que l'esclavage n'est pas un simple état de fait et que les atrocités commises ne sont pas des accidents, des bavures, des dérapages ; l'esclavage est un état de droit, régi par la loi, et les atrocités sont commises en vertu de textes contrôlés par MM. les magistrats.

Le Code noir, c'est la barbarie codifiée. C'est le crime contre l'humanité légalisé.

« Voulons que les esclaves soient réputés meubles », ordonne Sa Majesté très chrétienne (art. XXXIX).

Le reste suit, on peut le vendre, le céder, le

saisir, l'échanger, l'hypothéquer. Il n'a pas de droits. Il ne possède rien. S'il a des enfants, comme chez les animaux, ils appartiennent au propriétaire de la mère. Moitié chose, moitié bête, il n'a aucun droit.

Il lui est défendu de se réunir (art. XII), quel que soit le prétexte. La sanction est un certain nombre de coups de fouet et la marque au fer rouge à l'épaule d'une fleur de lys. La mort en cas de récidive.

De même s'il fuit durant un mois, « le fugitif, dit le Code noir, aura les oreilles coupées et sera marqué d'une fleur de lys sur une épaule ». En cas de récidive, « le fugitif aura le jarret coupé et il sera marqué d'une fleur de lys sur l'autre épaule ».

« À la troisième tentative, il sera mis à mort. De même s'il lève la main sur le maître qui le frappe » (art. XXVI et XXVII).

Pour l'avoir fait, l'esclave Mitef est condamné par le tribunal « à faire amende honorable la corde au cou à la porte de l'église de Saint-Denis, puis à être pendu et étranglé jusqu'à ce que mort s'ensuive ». Mais pour que le cadavre lui-même n'échappe pas au châtiment, à la profanation, les juges prévoient que « son corps [sera] jeté au bûcher pour y être brûlé et les cendres jetées au vent ».

Ni la dignité humaine, ni l'intégrité physique de l'esclave ne sont respectées. Pas même sa mort.

L'esclave Bernard s'est suicidé dans son cachot en 1779 pour échapper à la torture. Le Conseil de l'île Bourbon décide néanmoins de faire le procès du mort.

Un substitut requiert et le Conseil, le 14 juillet 1779, condamne le cadavre « à être traîné sur une claie, la face tournée contre terre dans les rues [de Saint-André] depuis la prison jusqu'à la place du bazar où il sera attaché par les pieds à une potence... seize jours demeurera, ce fait sera jeté à la voirie ».

Pour des raisons de procédure, l'exécution de la sentence fut retardée de trois semaines. C'est le 2 août 1779 que le cadavre en putréfaction de Bernard fut exhumé et profané par « l'exécuteur de la haute justice ». La Justice venue du froid passait.

Pour un juriste naïf, l'attitude des juges pendant ces deux siècles demeurera toujours un mystère insondable.

Comment des hommes, venus d'un pays qui fut tour à tour la fille aînée de l'Église et la mère des Droits de l'Homme, nourris de droit romain et de droit canon, capables de citer avec pertinence et parfois élégance Beaumanoir et Cujas, Domat ou Pothier, voire Beccaria, ont pu ici, revêtus d'hermine et d'écarlate, se comporter comme les scribes appliqués du Mal absolu, les jurisprudenciers du crime légal ?

Comment les mêmes magistrats pouvaient-ils à vingt-quatre heures d'intervalle rendre des décisions humaines sur des affaires de tutelle et des décisions inhumaines concernant des esclaves ?

Comment des magistrats distingués ont-ils pu avaliser, quand ils ne l'ont pas réclamée, la décision du Conseil supérieur de Bourbon en 1735 de récompenser par l'attribution d'un esclave et d'un esclavon la mise à mort d'un marron [1], le décret du gouverneur Delozier-Bouvet en 1752 prévoyant de couper immédiatement les mains d'un esclave repris vivant, ou l'arrêt de 1754 portant défense aux chirurgiens de guérir les plaies faites aux marrons par décision de justice ?

Février 1848, la Révolution éclate en France. Décembre 1848, l'esclavage est aboli à La Réunion. La peine des hommes va-t-elle prendre fin ? Pas du tout. À l'esclavage va

1. Esclave fugitif.

succéder un servage moderne, le statut de travailleur engagé, que négriers et jauniers vont chercher en Chine et en Inde, à Tahiti et à Madagascar, enfin à Rodrigues.

Décrets et arrêtés remplacent le Code noir. Un livret attache l'homme à son lieu de travail.

Le livret est, comme on l'a dit, une chaîne dont la police tient le bout. L'infraction à une seule de ses obligations entraîne la prison suivie d'un séjour plus ou moins long dans ce que les magistrats appellent des ateliers de discipline.

Bien sûr, il n'est question ni de liberté de réunion, ni de droit de grève. Pour en avoir organisé une dans les années 20, parmi les engagés Antandroy [1], les meneurs seront condamnés et jetés en prison.

En février 1934, le chef du service de l'immigration décrit « l'état physique lamentable de certains travailleurs rodriguais... Ils ont, écrit-il, échappé à une mort certaine en quittant leur établissement... Un mois de plus et je suis persuadé que pas un ne réchappait ».

Tel était, en 1934, il y a cinquante ans, le sort des travailleurs engagés à La Réunion.

1. L'une des dix-neuf tribus de Madagascar.

Là encore, comme pour l'esclavage, il ne s'agit pas d'une situation de fait mais d'une situation légale régie par des textes que des magistrats sont chargés d'interpréter et de faire appliquer. Et la même question demeure, sans réponse. Comment des juristes formés dans des universités modernes, dans le culte au moins verbal des Droits de l'Homme, ont-ils pu continuer à rendre cette justice schizophrénique, douce aux uns et cruelle aux autres ?

C'est de ce temps-là que date, je présume, chez les créoles, l'expression « justice macro ». Macro, c'est l'homme immoral caché derrière des codes et des mots qui mentent.

Après deux siècles d'esclavage, après un siècle de travail engagé, La Réunion, déclarée département français en 1946, allait-elle connaître enfin la justice ? Hélas ! La victoire des démocraties à laquelle ils avaient tellement contribué a signifié pour les peuples coloniaux de l'Empire français non la libération mais la reconquête.

Répression à Madagascar. Sale guerre au Viêt-nam. Guerre d'Algérie. Le retour de la barbarie. L'homme nié dans son être même. Massacres. Tortures. Viols. Crimes.

Les créoles ont suivi cela quand ils n'ont pas été des témoins plus directs. Et ils savent que les juges ont condamné les résistants et les patriotes les plus purs. N'ont jamais poursuivi les tortionnaires les plus abjects. Les assassins d'Hienghène ont été acquittés. Les assassins de Machoro n'ont même pas été inquiétés.

À La Réunion même, la discrimination a-t-elle disparu ? Dans ces conditions, qui s'étonne, qui s'étonnera que les grands mythes à La Réunion soient des mythes de révolte. À partir du moment où la loi est inhumaine, le juge devient un criminel et le révolté un héros.

Il suffit de lever les yeux sur la montagne pour les voir tous, les grands marrons veillant sur l'île : Dimitile à Maffate, Semitane à Cilaos, la Verdure au Bras de la Plaine, Enchaing et Cimendef sur leurs pitons.

Leur culte ne date pas d'aujourd'hui. Il a ses lettres de noblesse, consacré par les poètes ; de Parny qui mettait en garde les hommes libres :

Méfiez-vous des Blancs habitants du rivage

à Leconte de Lisle, inscrit au barreau de Saint-Denis, qui entendra toute sa vie les cris des esclaves sous la torture.

Quand on parle de justice, les créoles savent par expérience séculaire qu'il ne s'agit pas de scrupuleuses pesées d'âmes de la part de juges sereins assis sur des nuages comme saint Pierre, ou sous un chêne comme saint Louis, mais d'un combat.

Ce combat aujourd'hui change d'âme et la victoire change de camp.

Dans la société esclavagiste, en effet, le meurtre judiciaire se fait à l'étouffée. Les cris de la victime ne franchissent pas les portes du Palais pour atteindre ses frères au loin sur les côtes de Madagascar ou du Mozambique, n'atteignent pas la métropole, d'ailleurs indifférente, trop occupée à compter les bénéfices de la traite et du commerce triangulaire.

La mort de Socrate non plus, au Ve siècle av. J.-C., n'avait pas mis le feu aux poudres à Lutèce ou à Pékin, à Carthage ou à Bénarès.

Aujourd'hui, il n'en est plus de même. On ne peut juger quelqu'un à Santiago, à Washington ou à Paris sans que l'opinion s'enflamme dans les cinq continents si l'accusé est éloquent, ou son avocat lucide.

L'accusé n'est plus un vaincu solitaire face à des juges qui le haïssent. L'univers entier viendra s'il l'appelle à l'aide avec assez de force. S'il sait donner à son malheur et à son combat un sens pour tous. Les murs du tribunal disparaissent, le procès a pour scène l'univers. Les juges s'évanouissent, c'est l'opinion mondiale qui juge.

Le chef de l'État vient de libérer M. Naccache condamné à la réclusion criminelle pour un attentat manqué qui a coûté la vie à deux personnes, dont un policier, et paralysé pour la vie un autre policier.

Pensez-vous que c'était pour des raisons de morale ou pour ses beaux yeux ?

Ou plutôt parce que l'opinion dans les pays du Proche-Orient tenait Naccache pour un héros dont seule la libération pouvait permettre de normaliser les rapports de la France avec ces pays, et à l'industrie française d'y réaliser de fructueux accords !

Pendant la guerre d'Algérie, j'ai défendu des centaines de causes indéfendables d'une manière prétendument indéfendable également. Plus d'une centaine de mes clients ont été condamnés à mort au terme de procès tumultueux. De ces condamnés, aucun n'a demandé sa grâce et aucun n'a été exécuté. Alors que le pouvoir a fait exécuter des centaines de condamnés au terme de procès aseptisés où la défense tentait vainement de convaincre des juges militaires parfaitement imperméables à ses raisons.

Était-ce à cause du talent de la défense ? Oui, si on appelle talent la capacité de donner à un procès un sens pour tous.

Car c'est tout simplement parce que le retentissement de ces procès dans l'opinion mettait le pouvoir sur la défensive, qu'il le dissuadait de mettre à exécution la décision de justice, de courir le risque de défier l'opinion sur ses gardes.

Innocent ou coupable ? C'est la question qu'on se pose au début de tout procès. Et tout le monde pense que par un effort consensuel, accusation et défense finiront par découvrir la vérité.

Il suffit de suivre le déroulement de n'importe quel procès pour se rendre compte qu'il n'en est rien.

Coupable, dit dès le début l'accusation sur la base de quelques indices insuffisants. Innocent, répond la défense sur des bases forcément aussi fragiles.

Pour ceux qui ne peuvent suivre les débats des procès (et ils sont l'immense majorité), plus que le cinéma français toujours empêtré, comme la presse et les médias, dans ses tabous, le cinéma américain montre à quel point la procédure est une longue bataille entre les deux hypothèses, bataille où tous les coups sont permis.

De cet affrontement, tangible même dans le procès le plus ordinaire, je voudrais choisir quelques exemples tirés des jurisprudences française, américaine ou anglaise.

L'affaire de Bruay-en-Artois

Les faits sont connus : le 6 avril 1972, un enfant découvre dans un terrain vague le cadavre de sa sœur Brigitte Dewevre. Ce cadavre, presque entièrement dénudé (elle ne porte qu'un chemisier et un soutien-gorge tachés de sang), montre des blessures au front, à la tête, au cou et sur un sein. Ses vêtements sont retrouvés plus loin. Ses lunettes ont disparu.

Une amie de Brigitte, la dernière à l'avoir vue vivante, l'a aperçue vers 19 h 30 en compagnie d'un homme « de forte corpulence, vêtu d'un pull à col roulé ». Une passante a remarqué une voiture garée près du terrain vague entre 20 heures et 23 heures. Intriguée, elle en a relevé le numéro minéralogique.

La voiture appartient au notaire Pierre Leroy, un mètre quatre-vingt-cinq, cent kilos.

Gardé à vue trente-six heures, le notaire reconnaît avoir été présent ce soir-là près du terrain vague, au domicile de sa fiancée Monique Mayeur. Le juge Pascal l'inculpe le 13 avril d'homicide volontaire et le fait incarcérer.

Il n'a aucun doute sur la culpabilité de Pierre Leroy.

La bataille entre l'accusation et la défense débute. Chacun va réunir indices, témoignages et rumeurs au profit de sa cause.

Coté accusation, des indices d'abord. Une écharpe est retrouvée dans la voiture de Pierre Leroy ; or Brigitte Dewevre a été étranglée, selon le médecin légiste, avec « un lien large ». Un pull à col roulé est retrouvé au domicile du notaire ; l'homme aperçu en compagnie de Brigitte Dewevre, peu avant sa mort, portait un col roulé. Et ce pull a été porté pour nettoyage peu de temps après le meurtre à un pressing qui n'est pas le pressing habituel de maître Leroy.

Et des rumeurs : Pierre Leroy fréquentait un bordel de Lille où il prenait plaisir à piquer les seins des prostituées, comme il a été fait sur Brigitte.

Côté défense, on fait remarquer : que maître Leroy n'est pas seul à posséder un pull et une écharpe ; que le témoin ne le reconnaît pas ; que les rumeurs sur le bordel de Lille sont absolument fausses, qu'aucune des prostituées n'en témoigne. Enfin, que Monique Mayeur confirme sa présence chez elle ce soir-là à l'heure supposée du crime.

Le juge n'en croit rien puisque le notaire est incapable de lui rendre compte d'une manière précise du match de football Benfica de Lisbonne contre Ajax d'Amsterdam, qu'il prétend avoir suivi à la télévision.

Par contre, un nouveau témoin affirme avoir vu aux environs de 20 heures Monique Mayeur dans la voiture de maître Leroy. Il n'en faut pas plus au juge Pascal pour l'inculper de complicité et la mettre sous mandat de dépôt à la prison de Loos.

Le notaire va rester cent six jours en prison

et sa fiancée dix-neuf, mais c'est seulement le 30 octobre 1974 qu'une ordonnance de non-lieu les mettra hors de cause. La bataille entre l'accusation et la défense aura duré deux ans et demi et se sera terminée à l'avantage de la défense avant le procès.

Un mineur de dix-sept ans, Jean-Pierre, s'accusera du meurtre le 18 avril 1973. Il sera acquitté le 25 février 1976.

Après avoir eu deux coupables qui ne l'étaient pas, la Justice a refermé le dossier.

L'affaire des médecins de Poitiers

Le 30 octobre 1984 à 12 h 30, Nicole Berneron, qui s'était rendue au Centre hospitalier Jean-Bernard à Poitiers pour se faire opérer d'un kyste derrière l'oreille, meurt sur la table d'opération.

Le patron du service d'anesthésie, le professeur Meriel, annonce à 15 h 10 que la mort résulte de l'inversion des tuyaux du respirateur et déclare :

— Diallo est assez fou pour faire quelque chose comme ça.

Diallo est un médecin anesthésiste d'origine africaine, comme son nom l'indique, qui ne s'entendait pas avec le professeur

Meriel et que celui-ci avait chassé de l'hôpital.

La police adopte l'hypothèse du professeur Meriel. Le suspect désigné, il s'agit de réunir contre lui les présomptions graves et concordantes qu'exige le code de procédure pénale.

Le 2 novembre, après trente heures de garde à vue, le docteur Archambault, médecin anesthésiste ami du docteur Diallo, « avoue » :

— Diallo m'avait informé de l'inversion des tuyaux.

Puis :

— J'ai menti. Je le crois coupable, mais je n'ai pas de preuves.

Diallo de son côté jure s'être rendu à un club de tennis, puis chez lui la veille entre 20 heures et 20 h 30, à l'heure où les blocs opératoires sont déserts et où il aurait pu intervertir les tuyaux sans être vu. Malheureusement, il ne peut le prouver puisque le moniteur de tennis était absent ce soir-là.

C'est dans ces conditions que les docteurs Diallo et Archambault vont être inculpés et jetés en prison pour un assassinat dont on ne sait rien, puisque aucune autopsie de Mme Berneron n'a été faite dans les trois heures qui suivent la mort et que les prélèvements sanguins opérés ont été laissés à l'air libre. Il reste une photo où le corps de Mme Berneron apparaît blanc et non pas bleu, comme il aurait dû l'être en cas d'asphyxie.

Le 4 mars 1987, les docteurs Diallo et Archambault seront acquittés.

La thèse de l'accusation s'effondre. Celle de la défense, l'accident, triomphe.

Et personne ne sait plus ce qui s'est passé.

L'affaire von Bulow

Le 7 mai 1982, le comte Klaus von Bulow, accusé d'avoir tenté de tuer son épouse, est condamné par le tribunal de Newport à trente années de prison.

La thèse de l'accusation a triomphé.

Le 11 juin 1985, devant le tribunal de Providence qui le juge à nouveau après l'annulation du premier verdict, il est acquitté.

La thèse de la défense l'a emporté.

Richissime avocat d'affaires d'origine danoise établi à Londres, Klaus von Bulow épouse en 1966 une Américaine encore plus riche que lui, Martha von Auersperg, et quitte Londres pour habiter New York. Possessive, anxieuse, alcoolique, sa femme exige qu'il abandonne toute activité pour ne se consacrer qu'à elle. En attendant, elle le couche sur son testament : si elle meurt, il héritera d'elle l'équivalent en dollars de 84 millions de francs, 8,4 milliards de centimes.

Mais Klaus von Bulow s'éprend d'une autre femme, Alexandra Isles.

Le 19 décembre 1980, Martha est retrouvée dans le coma dans sa salle de bains. L'autopsie révèle la présence dans son sang d'insuline au taux de deux cent soixante unités au lieu de trente normalement.

Selon la thèse de l'accusation, Klaus von Bulow est coupable. Pour l'appuyer, les avocats réunissent indices et témoignages.

Maria Schrallhamer, la gouvernante, a vu dans la penderie de von Bulow une trousse noire contenant des seringues, du Valium, du Seconal et surtout de l'insuline.

Alexandre, le fils que Martha a eu d'un premier lit, et Eddie Lambert, un privé connu, se sont introduits de nuit chez von Bulow et ont subtilisé la trousse. Une expertise démontre que la seringue a servi à injecter de l'insuline.

Le docteur Meier a fait analyser le sang de Martha. L'insuline surabondante ne peut provenir que d'une injection.

La défense disposait d'un témoin important, Joy O'Neil, le professeur de gymnastique de Martha, qui affirme que Martha lui a conseillé à de nombreuses reprises de s'injecter de l'insuline pour perdre du poids. Malheureusement, un autre professeur, Nancy Reather, affirme que Joy O'Neil n'a donné à Martha que cinq leçons et non deux cent cinquante, comme elle le prétendait.

La défense perd. Elle va prendre sa revanche au deuxième procès.

Neuf experts affirment qu'il n'y avait pas d'insuline dans le sang de Martha ni sur l'aiguille et que son coma résulte d'une ingestion massive d'alcool et de tranquillisants.

Joy O'Neil fait la preuve qu'elle a bien donné à Martha deux cent cinquante leçons de gymnastique.

Martha est toujours dans le coma. Von Bulow n'a donc pas hérité. Il est retourné à Londres.

Si le premier procès n'avait pas été annulé parce que les preuves (la trousse noire) avaient été obtenues illégalement, il serait aujourd'hui en prison pour de longues années encore.

Il existe un mouvement aujourd'hui en France pour faire adopter dans les procès la procédure anglaise. Nous éviterait-elle les conséquences de l'affrontement accusation-défense ? Seuls le pensent ceux qui croient avec la foi irrationnelle du charbonnier à la toute-puissance de la Raison. L'affaire Evans ou plutôt les affaires Evans-Christie sont là pour démentir ce rêve.

Le 1er décembre 1949, Timothy Evans se rend au commissariat de police du quartier de Londres où il habite, 10, Rillington Place, et déclare qu'il a tué sa femme acariâtre et l'a enterrée dans le jardin.

La police fouille et découvre non seulement le cadavre de sa femme mais celui de sa fille, un bébé de quatorze mois.

Au tribunal cependant, Timothy Evans donne une version différente. C'est son voisin John Christie qui, en procédant à une tentative d'avortement, a tué accidentellement Mme Evans. Lui sachant gré de ce qu'il ne portait pas plainte, ce dernier avait offert de confier son enfant à des amis. Et Evans l'a cru jusqu'à la découverte des deux corps...

Christie conteste la version d'Evans et une expertise médicale semble lui donner raison.

Mme Evans, morte étranglée, n'était pas enceinte.

Le récit de Timothy Evans apparaît invraisemblable. Il est condamné à mort et pendu.

Quatre ans plus tard, Christie quitte son appartement. La locataire qui lui succède découvre un cadavre de femme dissimulé derrière une cloison. Elle appelle la police qui en découvre trois autres. Les quatre femmes ont été étranglées. Parmi elles, la police finit par identifier Mme Christie. Puis, continuant les recherches, la police découvre deux autres cadavres enterrés dans le jardin.

Christie reconnaît les meurtres et avoue avoir eu des relations sexuelles avec ses victimes avant et après les meurtres.

En ce qui concerne Mme Evans, il déclare l'avoir tuée à sa demande.

Christie est reconnu coupable, condamné à mort et pendu le 15 juillet 1953.

La Justice anglaise sanctionnait ainsi de la peine suprême deux versions contradictoires de la mort de Mme Evans. Les avocats, les deux fois, ont perdu. On ne peut pas dire pour autant que la Justice y ait gagné.

Dans l'affaire des médecins de Poitiers, dans l'affaire von Bulow comme dans l'affaire Dreyfus, la Vérité, certes, ne triomphe pas toujours. Au moins le combat des deux vérités, celle de l'accusation, celle de la défense, se déroule en toute clarté. Mais dans d'autres procès, le combat est un combat d'apparence, la Vérité avance masquée et le mensonge triomphe.

De ces procès-là, chargés non pas de morale mais d'humour noir explosif, il est difficile de citer dans la réalité des exemples parfaits, puisque précisément la réussite dans le genre est de passer inaperçu, d'être la vérité judiciaire au manteau couleur de muraille, protégée par la loi de 1881 sur la diffamation.

C'est donc à l'imaginaire de la littérature du crime que nous nous adresserons pour le plaisir d'une démonstration abstraite et vraie comme une démonstration géométrique.

De cette stratégie judiciaire, le conte « Témoin à charge » d'Agatha Christie est un bel exemple.

L'accusé est un certain Mr Vole, Leonard

Vole. Il est en prison, accusé de meurtre avec préméditation. Comme il le dit à son avocat :

— Je vous jure que je suis innocent. Les apparences sont contre moi, je le sais. Je suis comme un homme pris dans un filet, les mailles l'enserrant de toutes parts.

L'acte d'accusation résume ces apparences : Mr Vole fait fortuitement dans la rue la connaissance d'une vieille demoiselle, Miss Emily French. Il l'a aidée à traverser un passage clouté et l'a retrouvée par hasard le soir même à une réception chez des amis. Elle lui a témoigné une vive reconnaissance et l'a invité à lui rendre visite. Il est ainsi devenu le gérant d'affaires de cette personne riche et excentrique, puis son héritier testamentaire. Miss French ayant été assassinée, on soupçonne Mr Vole, à qui le crime profite, d'en être l'auteur.

L'avocat, lui, ne croit personne. Il ne croit qu'aux faits et souhaite seulement, grâce à leur examen, pouvoir prouver l'innocence de son client. Mais sa tâche n'est pas facile :

— Les charges contre vous, monsieur Vole, dit-il avec gravité, sont lourdes. Néanmoins je consens à vous croire. Et maintenant, voyons les faits... Je compte sur vous pour me guider.

1. Quand Mr Vole, alors dans une situation financière difficile, rend visite pour la première fois à Miss French qui vit simplement, sait-il qu'elle est riche ?

Hélas oui et son empressement peut paraître comme intéressé.

2. Comment expliquer qu'un homme jeune, séduisant, sportif, ait pu consacrer tant de temps à une vieille dame qui aurait pu être sa mère et avec qui il a fort peu de choses en commun ?

— Sans doute ririez-vous, répond Mr Vole à son avocat, si je vous disais que j'étais heureux de me laisser dorloter.

— J'accepte votre explication, répond son avocat, mais sera-t-elle acceptée par le jury ?

3. Pourquoi Miss French lui a-t-elle confié la gestion de ses intérêts ?

— Elle n'entendait pas grand-chose aux questions d'argent, répond Mr Vole.

— Prenez garde, répond l'avocat. La servante affirme que sa maîtresse était une excellente femme d'affaires. Ce que corroborent ses banquiers.

— Je n'y puis rien, répond Mr Vole.

4. Mr Vole savait-il qu'il était le légataire universel de Miss French ?
— Non, affirme Mr Vole.
— Si, affirme la servante.

Tout le faisceau de ces apparences accable bien Mr Vole, mais il a un alibi pour le soir du meurtre. L'homme que la servante a entendu converser avec Miss French à 21 h 30 du soir ne peut être lui puisqu'il était avec sa concubine.

Malheureusement, sa concubine apprend à l'avocat que Mr Vole n'est rentré qu'à 22 h 20, qu'il avait du sang sur son veston et qu'il savait qu'il hériterait.

C'est à ce moment que l'avocat reçoit une lettre où une certaine Mrs Mogson offre de lui donner des renseignements sur la concubine de Mr Vole.

Il se rend immédiatement à l'adresse indiquée, un taudis où une femme au visage brûlé caché par une écharpe lui vend des lettres de la concubine adressées à un amant.

Le procès, indécis jusque-là, bascule avec le témoignage de Romaine Heilger, la concubine : le soir en question, l'inculpé avait emporté en sortant une barre de fer. Il était rentré à 22 h 20, avait avoué qu'il venait de tuer la vieille dame. Ses manchettes étaient tachées de sang et il les avait brûlées dans la cuisinière. Il l'avait forcée au silence par des menaces.

Le préjugé légèrement favorable dont bénéficiait l'inculpé devant la Cour disparaît. Tout le monde comprend qu'il va être condamné.

Jusqu'au moment où l'avocat lit au témoin à charge l'une de ses lettres :

« Max, mon amour, le Destin l'a livré entre nos mains ! Il a été arrêté pour meurtre. Oui, figure-toi le meurtre d'une vieille dame ! Leonard qui n'aurait pas fait de mal à une mouche.

« Finalement, je tiens ma revanche. Le pauvre poussin. Je dirai qu'il est rentré ce soir-là les vêtements tachés de sang, qu'il m'a fait des aveux.

« Je le ferai pendre...

« Puis le bonheur mon amour, le bonheur enfin ! »

Romaine, écroulée, avoue tout. La victoire une nouvelle fois change de camp.

Vole est acquitté.

Cependant il avait un vrai avocat : vrai par le recul qu'il a par rapport au dossier, vrai par sa manière de mettre lucidement au service de son client la réfutation, pas à pas, de l'accusation, vrai aussi par son besoin d'explorer l'âme humaine, surtout quand elle est trouble.

Romaine Heilger l'intrigue par sa beauté, l'étrangeté de son regard, un certain geste de la main, jusqu'au jour où il reconnaît le regard de la femme qui lui a livré sa correspondance.

Il se décide à la rencontrer à nouveau.

— Ainsi vous avez deviné, dit-elle. Le visage ? Oh ! C'était facile et l'éclairage était trop mauvais pour que vous ayez décelé le grimage.

— Mais pourquoi ?...

— ... Mon ami, il fallait que je le sauve. Quel poids aurait eu la déposition d'une femme aimante ?... [Par contre] si la vérité m'était arrachée de force, si je me trouvais publiquement confondue, une réaction favorable à l'accusé se produirait aussitôt.

— ... Et Max ?

— N'a jamais existé, mon ami.

— J'ai cependant l'impression, fit l'avocat un peu vexé, que nous aurions pu le sauver par la procédure normale.

— Je n'ai pas osé prendre ce risque. Voyez-vous, vous pensiez qu'il était innocent.

— Alors que vous saviez qu'il l'était. Je vois.

— Mon cher, dit Romaine, vous ne voyez rien du tout. Je savais qu'il était coupable.

L'affaire Dreyfus

On a dit souvent de l'affaire Dreyfus qu'elle était une bataille pour la Vérité. En vérité elle fut plutôt une bataille tenace contre la Vérité. Des jugements se succèdent, réguliers en la forme, irréels sur le fond.

Tout part, on le sait, de la découverte en 1893 dans la corbeille de l'attaché militaire allemand d'une lettre manuscrite lui annonçant l'envoi prochain de renseignements concernant aussi bien le matériel de l'armée française que son dispositif. C'est le bordereau.

Le commandant Henry, chef adjoint des renseignements, fait faire des photos du bordereau et les communique à tous les services de l'armée afin de démasquer l'officier félon. La première réponse qui lui parvient met en cause le capitaine Dreyfus, jeune officier d'état-major dont l'écriture présente avec celle du bordereau des ressemblances frappantes.

Le commandant du Paty de Clam, officier du service de renseignements et graphologue amateur, est formel : le bordereau est de la main de Dreyfus.

Le général Mercier, ministre de la Guerre, par acquit de conscience, demande une analyse à un véritable expert qui note, certes, de nombreuses analogies mais aussi de nombreuses différences. Conclusion : le bordereau n'est pas de la main de Dreyfus.

Le général Mercier confie alors les documents à un troisième homme, Bertillon, inventeur de l'anthropométrie mais pas graphologue. Bertillon conclut dans le sens souhaité : le document est de Dreyfus.

D'un point de vue général, et pas seulement dans l'affaire Dreyfus, ce moment est capital. C'est celui où la justice prétend par des moyens réguliers en la forme faire admettre pour vérité non pas la Vérité mais ce qu'elle tient à l'avance — pour de bonnes et plus souvent les pires raisons — pour sa vérité.

Trois nouveaux experts sont nommés. Deux affirment que Dreyfus est l'auteur du document. Le troisième le met hors de cause.

Que faire ?

Pour forcer la main de ses chefs qui hésitent et dont il craint qu'ils puissent abandonner l'accusation contre Dreyfus, le commandant Henry communique l'information à Drumont, le pamphlétaire antisémite, qui publie un article retentissant dans *La Libre Parole.*

L'article paraît le 1er novembre. Le 18 décembre, l'instruction est bouclée et Dreyfus comparaît devant le conseil de guerre. Quatre jours plus tard, il est condamné à la déportation à vie. Une loi spéciale est votée par le Parlement pour qu'il ne soit pas envoyé en Nouvelle-Calédonie, lieu de déportation traditionnel des politiques mais en Guyane, à l'île du Diable.

Nouvelle remarque qui va au-delà de l'affaire. Le caractère arbitraire d'une loi faite uniquement contre un homme, Dreyfus ou Barbie.

En tout cas, le jugement est définitif, le procès terminé.

C'est en vérité après le procès que tout commence.

En mars 1896, la femme de ménage espionne apporte à la section de statistiques un nouveau document, un pneumatique, le petit bleu, adressé par la maîtresse de l'*attaché militaire* au commandant Esterházy.

Le nouveau chef de la section de statistiques se fait communiquer le dossier d'Esterházy et découvre avec stupeur que l'écriture d'Esterházy « est celle du bordereau ».

Il communique les lettres saisies d'Esterházy aux experts qui ont conclu à la culpabilité de Dreyfus. Ils concluent que les lettres sont de Dreyfus.

Nouvelle remarque générale. Quand le colonel Picquart déclare que l'écriture du bordereau est de la main d'Esterházy, il n'en a aucune preuve non plus et l'on peut se demander pourquoi les experts seraient plus crédibles quand ils mettent implicitement en cause Esterházy plutôt que Dreyfus.

Disons que, dans ce tournoi qu'est un procès, Picquart s'est fait le champion d'une autre vérité qu'il entend dès le départ faire accepter comme la Vérité.

Picquart va voir le général Gonse de l'état-major, mais Gonse a une autre vérité, c'est celle du jugement.

— Qu'est-ce que ça peut vous foutre que ce juif reste à l'île du Diable ?

— Mais tôt ou tard on va découvrir la vérité !

— Si vous ne dites rien, personne ne le saura.

On croirait entendre MM. les magistrats de la cour d'appel de Paris composant la section spéciale, en 1941.

Le 16 novembre 1896, Picquart est

nommé en... Tunisie. Il est remplacé par Henry à la tête de la section de statistiques.

Le 10 janvier 1898, Esterházy passe pour la forme devant le conseil de guerre. Trois experts affirment qu'il n'est pas l'auteur du bordereau. Le lendemain, il est acquitté à l'unanimité.

Les partisans de la culpabilité de Dreyfus viennent de remporter un deuxième succès judiciaire. Un conseil de guerre confirme la vérité d'un autre conseil de guerre. Qui s'en étonnera ? Le jugement est définitif.

L'affaire n'en est pas terminée pour autant.

Comme Henry avait triché en communiquant à Drumont le dossier de l'affaire, Picquart à son tour triche en le communiquant aux partisans de l'innocence de Dreyfus (et de la culpabilité non démontrée d'Esterházy).

Quarante-huit heures après l'acquittement d'Esterházy, le 13 janvier 1898, Zola, alors au faîte de sa gloire, publie dans *L'Aurore* un article retentissant intitulé « J'accuse », reprenant en termes véhéments toutes les critiques des dreyfusards contre le premier et le deuxième conseil de guerre. Zola entend être poursuivi et avoir ainsi l'occasion de débattre au grand jour de toute l'affaire, malgré l'autorité de la chose jugée. C'est de bonne guerre ou de bon jeu, et le coup, comme on dit, est régulier.

Mais à malin, malin et demi, le Parquet ne le poursuit pas pour toutes les imputations contenues dans son article, mais uniquement pour avoir écrit que le conseil de guerre qui a acquitté Esterházy a agi sur ordre. Ce qu'il ne pourra évidemment pas prouver. Du procès Dreyfus, il ne saurait être question.

Zola est condamné à un an de prison et 3 000 francs d'amende. En outre, il est radié de la Légion d'honneur.

Dreyfus est condamné. Esterházy acquitté. Zola condamné. Tout rentre dans l'ordre. Les partisans de la culpabilité de Dreyfus ont répondu au coup par coup et chaque fois l'ont emporté.

L'intérêt de l'accusation est d'en rester là et non pas d'alimenter elle-même de nouveaux débats. C'est pourtant ce que va faire le ministre de la Guerre Cavaignac, en toute bonne foi et en toute imprudence. Répondant à une interpellation à la Chambre des députés plutôt que de s'appuyer sur l'autorité de la chose jugée, il va faire état de trois documents nouveaux accablant Dreyfus.

Dans une lettre ouverte, Picquart l'accuse alors d'avoir fait usage d'un faux.

Cavaignac demande à un de ses collaborateurs de préparer le dossier d'une poursuite contre Picquart et le capitaine Cuignet s'aperçoit que Picquart a raison. Cavaignac convoque Henry qui avoue avoir fabriqué le faux : « Dreyfus est coupable, j'ai cru bien faire. » Arrêté sur ordre de Cavaignac, Henry s'ouvre la gorge dans sa cellule.

Deux nouvelles remarques générales. Cavaignac est le premier des ennemis de Dreyfus à faire un faux pas. C'est qu'il est de bonne foi. Qu'il ne joue pas.

Certes, Henry a commis un faux, mais, comme il le dit : du moment que Dreyfus est coupable, quel mal y a-t-il puisque certains, à tort, mettent en doute cette culpabilité, à la rendre éclatante ?

« Cet énergique plébéien, comme dit Maurras, a fabriqué un faux pour le bien public. » De nos jours, d'autres fabriquent de faux télex pour d'aussi bonnes causes mais ils n'avouent pas.

Pour la première fois les antidreyfusards ont commis une faute.

La cour de cassation casse le jugement de Paris condamnant Dreyfus, ce qu'elle n'avait pas songé à faire depuis trois ans et demi et renvoie l'affaire devant le conseil de guerre de Rennes.

À Rennes, au terme de débats confus sur la base du dossier du premier conseil de guerre où ne figurent pas les faux superfétatoires du défunt colonel Henry, le conseil de guerre reconnaît Dreyfus coupable de haute trahison mais lui accorde les circonstances atténuantes et le condamne à dix ans de prison.

Les magistrats ont été sensibles à l'argument du général Mercier : acquitter Dreyfus, c'est condamner Esterházy.

Nouvelle remarque d'intérêt général : c'est un argument dont nous vérifions l'efficacité intacte dans les procès d'anciens nazis. Acquitter un SS d'un crime qu'il n'a pas commis, c'est mettre en doute la parole d'un résistant.

Ce verdict boiteux a au moins l'avantage de concilier les inconciliables et de maintenir le principe de la culpabilité de Dreyfus. Tout comme la grâce médicale dont le fera bénéficier dix jours plus tard le président de la République.

Ce quatrième jugement ne met pas fin à l'Affaire pour autant.

Le rapport des forces politiques ayant changé en France, le 12 juillet 1906, six ans après le jugement de Rennes, douze ans après le début de l'Affaire, le dossier demeurant exactement le même, les plus hauts magistrats de la République, la cour de cassation, toutes chambres réunies, annulent purement et simplement le jugement du conseil de guerre de Rennes. Le lendemain 13 juillet, une loi spéciale, une nouvelle, réintègre Dreyfus dans l'armée et le fait lieutenant-colonel.

Une semaine plus tard, il est fait chevalier de la Légion d'honneur.

Les procès de rupture

Dans un procès de droit commun comme celui qui sera fait à Patrick Thomas, nous voyons s'affronter deux hypothèses différentes concernant le déroulement des faits, tout le monde étant d'accord pour condamner le crime.

Il est d'autres situations où l'accord se fait grosso modo sur le déroulement des faits mais où le désaccord éclate sur le jugement de valeur à porter. Le 16 mars 1968, les cent vingt hommes du lieutenant Calley massacraient cinq cents paysans, vieillards, femmes et enfants dans le village de My-Lai au centre Viêt-nam. « Ils violèrent femmes et filles avant de les éventrer ou de leur perforer le sexe à l'arme blanche », écrit Jean-Claude Pomonti dans *Le Monde*. Fred Wilmer, alors âgé de dix-huit ans, admet avoir tué lui-même des enfants : « J'ai alors commencé à tuer, les vieux, les femmes, les enfants, les buffles, tout. On nous avait dit de ne rien laisser debout. J'en ai encore tué entre vingt et vingt-cinq, coupé leurs gorges, leurs mains. Je les ai scalpés. Je l'ai fait. »

Fred Wilmer n'a jamais été poursuivi pour crimes contre l'humanité.

Si l'opinion demande la tête de l'accusé d'infanticide P. Thomas, elle accepte que l'auteur d'un crime commis en temps de guerre sur des enfants étrangers puisse bénéficier de circonstances atténuantes et même d'excuse absolutoire. C'est ce qui explique que le lieutenant Calley — le seul des cent vingt coauteurs du massacre à avoir été poursuivi — ait bénéficié de la mansuétude des tribunaux, puis de la grâce du président Nixon. Il est aujourd'hui bijoutier... et chauve. C'est encore *Le Monde* qui l'affirme.

Dans ce cas, cependant, on n'en est pas à exalter l'infraction comme un haut fait. Il faut pour cela monter d'un cran dans le désaccord moral, idéologique, politique. Il faut une crise grave dans la société.

La Justice n'est pas faite pour gérer ce genre de crise. Elle est là pour tenter de résoudre des conflits mineurs qui ne remettent pas fondamentalement en cause l'ordre public : conflits du travail sur fond de lois sociales, conflits de loyers sur fond de lois Méhaignerie ou Mermaz, atteinte à l'intégrité des personnes sur fond de Code pénal. Ce sont des procès où le débat porte sur les faits et non sur les principes au nom desquels on juge.

Mais il arrive des moments où le conflit porte sur les principes mêmes au nom desquels on juge, sur les fondements mêmes de l'ordre public. Ce sont ce que j'appelle des procès de rupture pour lesquels la justice est désarmée, parce qu'ils relèvent de la guerre civile.

L'affrontement est alors poussé aux extrêmes. Les procès des militants du FLN sont pour les hommes de ma génération l'exemple type.

— Vous êtes Français, disaient les juges invoquant la constitution de la IVe puis de la Ve République.

— Nous sommes Algériens, répondaient les accusés invoquant le droit des gens.

— Vous êtes des malfaiteurs, disaient les juges.

— Nous sommes des résistants, répondaient les accusés.

— Vous avez commis un meurtre, disaient les juges.

— Nous avons accompli un acte de résistance, répondaient les accusés.

L'homicide lui-même n'étant discuté par personne, c'était son sens qui prêtait à discussion.

Le plus ancien procès de rupture rapporté par l'Histoire est celui de Socrate à Athènes au ve siècle, poursuivi sous l'accusation de corrompre la jeunesse. Pour sauver sa tête, Socrate aurait pu faire un pas vers ses juges, feindre un demi-accord, émouvoir sur sa situation personnelle, chercher un compromis, invoquer des circonstances atténuantes.

Il s'y refusa.

Comme Julien Sorel.

— Je sais, déclara-t-il, que vous auriez préféré que je vienne devant vous avec ma femme et mes enfants pour vous arracher des larmes, mais je ne le ferai pas. Vous voulez un débat d'idées, vous l'aurez.

Socrate fut condamné à mort, et il ne pouvait en être autrement. L'apparition d'un accusé devant une Cour encadré de gardes est déjà le signe d'une défaite dans le cadre du rapport de forces internes où se situe le procès.

Il n'existait pas d'opinion mondiale, de conscience universelle, comme disent certains. Le débat d'idées qui avait lieu devant le tribunal des Héliastes était incompréhensible ailleurs.

Aujourd'hui, par contre, le procès de rupture où l'accusé proclame haut et fort son idéal est le seul moyen pour lui d'éviter le pire.

Le procès des incendiaires présumés du Reichstag en est un exemple frappant. Le soir même de l'incendie, Goering avant toute enquête accuse les communistes. Les communistes accusent les nazis. Dimitrov, représentant de l'Internationale communiste en Allemagne, est arrêté. Les nazis s'appuient sur l'appareil d'État. Les communistes sur l'opinion mondiale. Au mois d'août, cinq mois après l'incendie, un *Livre brun* est publié à Paris dénonçant la répression en Allemagne, et rejetant la responsabilité de l'incendie sur les nazis.

Ses arguments portent.

Bien que, à l'évidence, beaucoup de documents émanent de sources communistes, les accusations qu'il contient n'en sont pas moins solides, reconnaît le *Times*.

Constituée au mois de mai, deux mois

seulement après l'incendie, une commission internationale d'enquête s'est mise également à l'œuvre. Réunie en tribunal le 14 septembre, elle procède à des auditions et rend publiques ses conclusions à la veille de l'ouverture du procès à Leipzig.

Le rapport final, écrit l'ambassadeur du Reich à Londres à son gouvernement, constituera l'aune à laquelle on va mesurer les décisions du tribunal de Leipzig ; plus qu'aucune autre publication antérieure, il contribuera à conforter l'opinion, malheureusement encore répandue, selon laquelle le Reichstag a été incendié avec l'accord des membres du gouvernement du Reich.

Après trois mois de débats tumultueux, le 23 décembre 1933, l'acquittement de Dimitrov par le tribunal de Leipzig constitue le point culminant sur le plan judiciaire de l'affrontement entre le nazisme et le communisme. D'autres procès suivront. Aucun n'atteindra ce niveau.

Il peut arriver par contre dans d'autres situations où le rapport des forces reste longtemps indécis que les procès se succèdent comme autant de batailles au cours non plus d'une campagne rapide, mais d'une longue guerre. Ce fut le cas de 1954 à

1961 des procès du FLN, dont la violence alla crescendo.

A ce moment-là, on ne peut apprécier le résultat d'un procès isolément. Les procès se succèdent, martelant de plus en plus fort les mêmes thèmes politiques : dénonciation de la torture ou affirmation du droit du peuple algérien à l'autodétermination.

Du procès de Djamila Bouhired à celui des auteurs de *La Gangrène*[1] dénonçant l'extension de la torture en France même.

Du procès de l'attentat contre Jacques Soustelle à celui des membres du réseau Jeanson.

1. Dans un livre publié en 1959 par les Éditions de Minuit, des prisonniers algériens décrivaient les tortures qu'ils avaient subies dans des locaux de police à Paris.

La justice comme jeu

Si le fou persévère dans sa folie, il deviendra sage.

W. BLAKE, *Proverbes de l'Enfer*

UN combat à mort et un procès peuvent avoir le même mobile et le même prétexte. Mais l'un obéit à des règles et l'autre pas. Du coup, ils appartiennent à deux univers différents.

Soumettre une entreprise aléatoire à des règles, c'est en faire un jeu, donner à un assassinat la cruauté, mais aussi parfois, trop rarement, l'élégance d'un duel.

À la différence du jeu de dames, du jeu de go ou des échecs qui visent à la conquête de l'espace, le procès vise à la maîtrise du temps.

D'ailleurs, les mots procès, procédure, processus, processions ont la même étymologie et le même sens général de marche organisée, obéissant à des règles ou à un rituel de développement dans le temps, plus que dans l'espace.

Rien ne souligne mieux l'importance du temps que la notion de prescription.

La prescription, dit le *Petit Dictionnaire de la Justice* (*sic*) publié sous les auspices du ministère du même nom est « l'écoulement d'un délai pendant lequel les infractions peuvent être poursuivies et sanctionnées (en matière pénale) ».

Pour parler plus simplement, disons qu'un délit, un vol simple par exemple, un abus de confiance ou une escroquerie ne peuvent plus être poursuivis si la victime a attendu trois ans pour porter plainte. Qu'un crime, un vol à main armée, ou un meurtre, ne peut plus être poursuivi si pendant dix ans la Justice est restée inactive dans la recherche du criminel.

Plusieurs explications de cette règle venue du droit romain ont été données.

Au bout d'un certain temps, dans un souci de paix sociale, mieux vaudrait oublier l'infraction qu'en raviver le souvenir.

Au bout d'un certain temps, les preuves disparaissent ou perdent de leur force; il devient plus difficile de recueillir des indices, de rechercher des témoins. Ceux-ci, retrouvés, auraient des souvenirs trop imprécis. Une poursuite, dans ces conditions, risquerait d'aboutir à une erreur judiciaire.

Quelles qu'en soient les raisons, telle est donc la règle. Nous allons voir quel usage ludique il peut en être fait.

Dans les affaires de presse, le délai de prescription est de trois mois après la mise en vente de la publication. Comme la plupart des journaux parisiens, *Le Monde, Libération, L'Humanité, La Croix,* dont il reprenait en partie les arguments, un journal de Dakar diffusé également à Paris mettait en cause un membre du cabinet du ministre de l'Intérieur dans l'assassinat à Paris de la représentante du Congrès National Africain : Dulcie September.

La personne mise en cause cita tous les directeurs de publication en correctionnelle pour diffamation. Dans ce genre d'affaire, il est difficile de faire la preuve des faits. La condamnation était certaine pour tous sauf pour le journal de Dakar.

Le conseil du plaignant avait oublié en effet que la loi sur la presse qui fait du directeur de la publication l'auteur du délit ne s'applique pas à un journal publié à l'étranger.

Dans les affaires de presse, le délai de prescription étant de trois mois, il est de règle, lorsque l'affaire n'est pas en état d'être jugée, de convoquer les parties avant l'expiration du délai de trois mois à une audience purement formelle « pour fixation » d'une date pour plaider dans un nouveau délai n'excédant pas trois mois.

Cette audience de fixation est nécessaire pour interrompre la prescription.

Si à l'audience de fixation j'avais fait remarquer à mon adversaire que sa citation était nulle, il aurait fait immédiatement une autre citation pour mettre en cause le distributeur du journal.

Il me suffisait par contre d'attendre l'audience de plaidoirie fixée quatre mois (deux mois plus deux mois) après les faits pour faire constater la nullité de la citation visant le directeur du journal africain et ne pas permettre à mon adversaire d'assigner le distributeur à sa place, le délai de prescription concernant celui-ci étant écoulé.

À la différence des autres publications condamnées à des dommages et intérêts, mon client fut relaxé bien qu'ayant commis les mêmes faits, simplement parce que, profitant de l'erreur du plaignant, nous avions gagné la bataille du temps.

Autres exemples.

Un homme déjà condamné pour proxénétisme est à nouveau arrêté pour les mêmes faits. Se trouvant en état de récidive légale, il encourt une peine de dix ans de prison (maximum vingt ans).

Le réquisitoire introductif du procureur qui précède la saisine du juge d'instruction n'est pas signé. C'est un oubli qui entraîne la nullité de toute l'instruction.

Si l'avocat soulève immédiatement la nullité avant le délai de trois ans, le prisonnier sera libéré puis arrêté à nouveau sur un nouveau réquisitoire dûment signé celui-là.

Si l'avocat se fait communiquer une copie du dossier avec le document non signé et joue, avec l'accord de son client, le jeu de l'instruction pendant trois ans avant de soulever l'incident, le délai de prescription a joué. Le prisonnier remis en liberté ne pourra plus être arrêté. Il a tout de même fait trois ans de prison, c'est la part du feu consentie par un homme sage. Il a joué placé sur le temps.

La justice sait, elle aussi, jouer de la prescription pour enterrer une affaire délicate.

Le juge Renaud à Lyon pensait à tort ou à raison que sa curiosité concernant le hold-up de Strasbourg mettait sa vie en danger.

Il fut tué en effet.

Sa famille a porté plainte. Pour diverses raisons, quinze ans après sa mort, l'instruction n'a pas avancé d'un pas. Il ne m'appartient pas d'en parler, l'affaire étant encore en cours.

Le dossier du hold-up de Strasbourg, lui, est fermé pour toujours. Pendant dix ans, aucun des juges d'instruction qui se sont succédé sur cette affaire, aucun des procureurs, aucun des ministres tant de droite que de gauche n'a pris l'initiative d'une mesure même formelle pour interrompre la prescription.

Le hold-up du siècle mené comme une opération militaire afin d'alimenter les caisses d'une organisation de droite, insinuait la gauche quand elle n'était pas au pouvoir, a fait l'objet d'un beau film, il n'a pas été l'objet d'une instruction parfaite.

La défense bénéficie de l'erreur des autres, l'État, quant à lui, profite de l'indolence des juges, qu'il a lui-même nommés. Difficile de ne pas le soupçonner de mauvaise foi.

Quoi qu'il en soit, l'instruction de l'assassinat du juge Renaud est condamnée à piétiner depuis quatorze ans. Toute la classe politique de gauche comme de droite attend qu'elle s'écroule de fatigue comme le soldat de Marathon.

Dans le cas du proxénète de Lyon, l'intérêt de l'inculpé était d'attendre ; dans le cas du hold-up de Strasbourg, c'était l'intérêt de la classe politique. C'est dire assez que la prescription est une donnée qui s'apprécie différemment suivant le rapport de forces entre les parties.

Mais la conquête du temps ne prend pas forcément l'allure simple et lente de la prescription. Elle peut, compte tenu du dossier, prendre d'autres formes : en voici deux exemples, pris dans l'histoire récente de la IVe et de la Ve République.

Fils d'un officier tué lors de la Grande Guerre, Robert Brasillach, normalien brillant, commence très jeune une carrière de critique, d'auteur dramatique et de romancier. Il passe assez vite de l'enseignement de Charles Maurras à la fascination du fascisme et du nazisme avec la ferme volonté de n'être pas un suiviste mais de construire un fascisme nourri de la tradition et de la culture françaises.

Mobilisé en 1939, fait prisonnier, libéré en 1941 à la suite d'interventions officielles, il reprend vite son poste de rédacteur en chef de l'hebdomadaire *Je suis partout* qui devient le principal hebdomadaire français pendant l'Occupation.

Partisan non seulement de la collaboration mais de l'Europe nouvelle, Robert Brasillach fera quelques tournées en Allemagne et sur le front de l'Est.

Cependant, dès l'été 1943, conscient des échecs de l'Allemagne et ne voulant pas comme ses amis du journal se soumettre aux volontés de l'occupant, il en quitte la rédaction. En 1944, il refuse de suivre ses amis en Allemagne et se constitue prisonnier.

Les circonstances devraient lui être favorables. Il n'en est rien car il perd, ce faisant, la maîtrise du temps. Son procès s'ouvre devant la cour de justice le 13 janvier 1945 alors que la guerre n'est pas encore finie. Condamné à mort, il est exécuté le 6 février.

Ancien élève de l'École du Louvre, membre de l'École française de Rome, membre de l'Académie française, Abel Bonnard est de vingt-six ans l'aîné de Robert Brasillach.

Maurrassien, antiparlementaire, antisémite, anticommuniste, il rencontre Hitler en mai 1937 et fait connaissance d'Otto Abetz, futur ambassadeur du Reich à Paris.

Après la défaite de 1940, il se prononce publiquement pour la collaboration. Membre du Conseil national, membre du groupe « Collaboration », il est nommé en 1942 secrétaire d'État à l'Éducation nationale.

Il est l'un des quatre ministres à signer en pleine bataille de Normandie la déclaration du 5 juillet 1944 demandant un engagement total aux côtés de l'Allemagne. Un mois plus tard il suit le gouvernement à Sigmaringen.

À l'heure où Brasillach se désengage, Bonnard s'engage. Tandis que Brasillach se constitue prisonnier, Bonnard se réfugie en Espagne. Voilà des circonstances qui devraient aggraver son cas. Erreur. Elles le sauvent en lui donnant le temps.

Le 4 juillet 1945, Abel Bonnard est condamné à mort par contumace après un quart d'heure de procès. Que lui importe ! Il est maître de son calendrier. Il peut attendre en Espagne vingt ans, le temps que sa peine soit prescrite, et revenir en France.

Mais le 1er juillet 1958, alors que la IVe République vient de mourir dans les soubresauts de la crise algérienne et que de Gaulle est revenu, Abel Bonnard décide de ne pas attendre la prescription et de rentrer à Paris purger sa contumace, c'est-à-dire affronter un nouveau procès. Dès son arrivée au Bourget par le vol régulier d'Ibéria, on le conduit à la prison de Fresnes où il reste trois heures, le temps d'être mis en liberté provisoire sans même l'avoir demandé.

Dans les premiers jours de 1959, il retourne le plus régulièrement du monde à Madrid pour une quinzaine de jours.

Le 22 mars 1960, son procès est ouvert.

Il assume la responsabilité de tout ce qu'il a fait, dit ou signé.

Le lendemain après deux heures de délibéré, il se voit infliger une peine symbolique de dix ans de bannissement avec sursis.

Quelques jours après, il rentre librement à Madrid.

Il lui reste encore, lui, qui a soixante-dix-huit ans, huit ans à vivre.

Le cas d'Abel Bonnard n'est pas unique.

Georges Hilaire, ancien secrétaire général à l'Intérieur, puis aux Beaux-Arts, condamné à cinq ans de prison par défaut, est acquitté le 27 janvier 1955.

La même année, René Bonnefoy, ancien secrétaire général à l'Information, condamné à mort par contumace, est frappé de simple dégradation nationale le 15 mars.

Charles Rochat, ancien secrétaire général aux Affaires étrangères, condamné à mort par contumace, voit sa peine ramenée à cinq ans de dégradation nationale dont il est immédiatement relevé le 19 mars.

L'amiral Bléhaut, ancien secrétaire d'État à la Marine et aux Colonies, condamné à dix ans de prison par contumace, est acquitté le 20 mars.

L'amiral Auphan, ancien secrétaire d'État à la Marine, condamné aux travaux forcés à perpétuité, voit sa peine ramenée à cinq ans de prison avec sursis et cinq ans de dégradation nationale dont il est immédiatement relevé le 22 août.

L'affaire La Roncière est une des grandes affaires criminelles du XIXe siècle, par la qualité des protagonistes et le mystère qui l'entoura. Émile de la Roncière, lieutenant du Ier régiment de lanciers détaché à Saumur, est accusé d'avoir violé dans la nuit du 23 au 24 septembre 1834 Marie, la fille du général baron de Morell, directeur de l'école de cavalerie. Il a contre lui les déclarations concordantes de la victime et la lettre-confession adressée à son père :

« Je suis entré dans la chambre de votre fille ; j'y suis entré sans le secours de personne, par la fenêtre. Le bruit que j'ai fait en cassant le carreau l'a réveillée et jetée à bas de son lit. Je me suis jeté sur elle, je l'ai presque étranglée avec un mouchoir. La douleur l'a fait tomber par terre sans connaissance, couverte de sang. J'avais soif de son sang et de son honneur. J'ai eu tout. Après l'avoir rendue un objet de réprobation, je m'en suis allé sans être vu de personne. Ah, quelle nuit ! Me voyez-vous flétrissant une jeune fille évanouie et froide comme la mort ? Dans la chambre à côté, une femme tapait à se tuer le corps contre la porte que j'avais fermée au verrou, en me criant des malédictions. »

Cette lettre était de la même écriture que d'autres lettres injurieuses adressées à Mme de Morell et signées La Roncière.

Lors du procès qui s'ouvrit le 29 mars 1835

devant la cour d'assises de Paris, La Roncière nia les faits et les experts entendus le mirent hors de cause.

L'architecte Girault établit qu'il était impossible de s'introduire dans la chambre de Mlle de Morell par le toit et que la seule solution était de monter par la façade éclairée depuis la rue avec une échelle de quatorze mètres manœuvrée par trois hommes. Or, la sentinelle placée en face de la maison du général n'avait rien vu.

Le vitrier Jony constatait de son côté que le carreau cassé dans le coin en bas à gauche de la fenêtre ne l'avait pas été de l'extérieur et que le trou, de toute manière, était trop loin de l'espagnolette pour permettre d'ouvrir la fenêtre.

Le graphologue Houdard démontra que les lettres n'étaient pas de la main de La Roncière.

Enfin, M. de Montgolfier, de l'illustre famille de fabricants de papiers, constata que le papier utilisé pour les lettres anonymes était le même que celui de Marie de Morell, un papier très cher et très rare.

Ajoutons que Marie Morell, victime de cet attentat à 2 heures du matin, n'en avait informé ses parents qu'à leur réveil, qu'elle ne portait la trace d'aucune égratignure, que personne n'avait rien entendu, ni le bruit de la vitre cassée, ni le bruit de la chaise qu'elle aurait jetée à la tête de La Roncière, ni ses cris, ni les coups de la gouvernante contre la porte.

Malheureusement, le lendemain des faits, le lieutenant d'Estrouilly avait reçu une lettre injurieuse signée de La Roncière. Un duel avait eu lieu le jour même et d'Estrouilly avait été gravement blessé. Il envoya alors un émissaire à La Roncière lui proposant d'avouer qu'il était l'auteur des lettres, faute de quoi il porterait plainte.

— Mais ce n'est pas moi, objecta La Roncière.

— Cela ne fait rien, répondit l'émissaire. Il se taira, tu as sa parole.

D'Estrouilly, parjure, fit porter la lettre au général de Morell.

L'avocat de la partie civile, maître Odilon Barrot, ne plaida pas le dossier mais évoqua la vie tumultueuse de La Roncière, ses maîtresses et les dettes pour conclure :

— Si La Roncière dit la vérité, Marie de Morell ment. Entre ce jeune homme perdu de vices et de dettes et une pure jeune fille, pouvez-vous hésiter ?

La Cour n'hésita pas. Elle condamna Émile de la Roncière à dix ans de prison.

Quatorze ans plus tard, Odilon Barrot, devenu ministre de la Justice, le réhabilitait.

Dans ces trois affaires, le temps a joué le rôle capital.

Si dans l'affaire La Roncière, les arguments de la défense ne l'emportent pas, ce n'est pas que les jurés aient des préjugés de classe contre l'accusé, dont le père, le général comte François de la Roncière, s'est illustré dans les guerres de l'Empire. C'est qu'ils arrivent trop tard. Que l'évocation pendant un an des seuls arguments de l'accusation, fallacieux mais apparaissant comme réels, a conditionné le jury au point que, le jour venu, il ne pourra pas franchir le pas, déclarer innocent le jeune débauché et coupable la pure jeune fille.

Le silence de l'accusé peut lui être mortel. Cela, l'accusation le sait. La défense, malheureusement, pas toujours.

Suivant l'intérêt de la partie concernée, il peut être avantageux pour elle soit que la justice avance d'un pas lent de vieux sénateur, soit au contraire à la vitesse du vent. L'intérêt de l'adversaire étant évidemment le contraire.

L'affaire Bonnier de la Chapelle est un

exemple de procès accéléré au point que la procédure, le procès et la mort tiennent en moins de vingt-quatre heures.

Le 24 décembre 1942 à 15 heures à Alger, l'amiral Darlan, haut-commissaire, arrive au Palais d'été accompagné du capitaine de frégate Hourcade. Dans la salle d'attente, un jeune homme qui a rempli une fiche au nom de M. Joxe attend. Le jeune homme, en voyant l'amiral Darlan, se lève, va vers lui et tire.

Mortellement blessé, l'amiral Darlan s'écroule. Le jeune homme est arrêté et reconnu. Il s'appelle Fernand Bonnier de la Chapelle, fils d'un journaliste des *Dernières Nouvelles d'Alger*. Interrogé, il prétend avoir agi seul.

Il est évident que Bonnier de la Chapelle ment pour couvrir d'autres, ceux qui l'ont convaincu de commettre l'attentat et l'ont aidé à cette fin, et qui lui ont promis de ne pas l'abandonner. Son intérêt serait que le procès arrive le plus tard possible afin qu'ils aient le temps d'intervenir.

L'intérêt de ceux qui se sont servis de lui au contraire est que le procès aille le plus vite possible, qu'il soit exécuté avant même de se rendre compte qu'il est abandonné.

En outre, il est évident que la mort de

l'amiral Darlan, soutenu par tous les gouverneurs et résidents de France dans l'Empire, ouvre une période d'incertitude et de transition qui ne saurait durer longtemps.

Arrêté vers 15 heures de l'après-midi, Bonnier de la Chapelle est entendu par le juge d'instruction militaire dès 19 h 30. Il lui confirme ses premières déclarations faites au commissaire Garidacci et déclare qu'il a agi seul.

Cependant, dès le départ du juge, il se confie au commissaire Garidacci :

« J'affirme avoir tiré sur l'amiral Darlan, haut-commissaire en Afrique française, après en avoir référé à l'abbé Cordier, sous forme de confession. C'est M. Cordier qui m'a remis le plan des bureaux du haut-commissariat et du cabinet de l'amiral et c'est par lui que j'ai pu me procurer ce pistolet et les cartouches qui m'ont servi à exécuter la mission qui m'était assignée et qui était de faire disparaître l'amiral.

« Lorsque je me suis engagé dans les Corps francs, j'ai recruté de ma propre initiative, parmi les gradés et hommes de troupe, des hommes de main dont M. d'Astier aurait pu avoir besoin. Mais M. d'Astier n'a jamais été au courant de cette action personnelle. Je sais que MM. Cordier et d'Astier ont rencontré récemment le comte de Paris au même titre que d'autres personnalités. Enfin j'ai l'impression que M. d'Astier de la Vigerie ne vit pas en excellents termes avec M. Rigault dont l'action auprès de l'Amiral est gênante pour lui et ses amis. »

« Lu, persiste et signe. »

Ce procès-verbal qui citait les noms des inspirateurs de l'attentat, qui donc devait provoquer un supplément d'information, ne fut pas transmis par le commissaire Garidacci au tribunal militaire qui devait juger Bonnier de la Chapelle le lendemain.

Le jour de Noël à 18 heures, Bonnier de la Chapelle était condamné à mort.

Quelques heures après la mort de Bonnier, Garidacci découvrait dans le sous-main du bureau d'un de ses subordonnés une lettre adressée par Bonnier à l'abbé Cordier où il écrivait : « Il faut intervenir immédiatement. J'ai pleine confiance en vous. Mais il faut agir vite. Très vite. »

Cette lettre clandestine d'un prisonnier sous haute surveillance, le commissaire Garidacci prétend ne l'avoir pas ouverte, alors que c'était son devoir professionnel.

Avant son exécution, Bonnier fut placé

sous la garde de deux officiers de la garde mobile, MM. Gaulard et Schilling. Il se plaignait qu'on l'ait jugé trop vite :

— Il aurait fallu deux jours pour permettre à mes amis d'intervenir. Je sais que Maître Sansonnetti, mon avocat, s'y emploie maintenant. D'ailleurs le comte de Paris que je connais est depuis plusieurs jours ici, il est à vingt minutes d'Alger.

Poursuivant sa confidence, il ajoutait :

— Si la personnalité pour l'arrivée de laquelle j'ai fait disparaître Darlan ne prenait pas le pouvoir nous serions anglicanisés, américanisés ; cela, il ne le faut pas, pour la France. Bien que mon nom me désigne pour être royaliste, il n'y a guère que depuis deux mois que je suis royaliste, et puis je suis croyant, je me suis confessé avant l'attentat et j'ai dit au prêtre que j'allais tuer ; évidemment, le Décalogue interdit de tuer, mais il y a des moments où il faut aller tellement vite que la mort de celui qui s'oppose au bien général est nécessaire. Le moment actuel en est un...

Puis, faisant allusion au deuxième procès-verbal que le commissaire lui avait fait signer, il exprimait sa crainte :

— Maintenant une chose m'inquiète. On m'a fait signer beaucoup de papiers et parmi ces papiers il y en avait un qui mettait en cause de mes amis ; je crains que celui qui m'a fait signer cela ne s'en serve : non pas pour trahir notre cause, mais pour faire chanter mes amis.

Ce n'est qu'après l'exécution que les deux gardes rapportèrent à leur commandant ce qu'ils avaient entendu.

Le 24 décembre, le général Giraud, successeur de Darlan, déclarait :

— Je veux que la lumière soit faite.

Un mois plus tard il avait changé d'avis :

— Les circonstances exigent de laisser s'appesantir le silence sur cette affaire.

Ce silence, judiciairement, n'a pas été troublé depuis.

Cette course de l'accusation contre la montre, et la vérité, si efficace dans le cas de Bonnier de la Chapelle, peut en d'autres occasions buter sur des obstacles imprévus.

Ce fut le cas du procès du maréchal Pétain.

A moins d'obtenir la participation active des accusés, comme dans les procès de Moscou, il est rare en effet qu'un procès politique apporte miraculeusement de la clarté dans des événements plus confus que ne le disent les propagandes de droite ou de gauche.

Or, le général de Gaulle avait besoin d'un grand procès politique qui confirmât la légitimité de son action depuis 1940 et pour cela, fît de la délégation de ses pouvoirs au maréchal Pétain par le Parlement du Front populaire le résultat d'un complot et d'une trahison.

Un grand procès pouvait consacrer cette vision un peu retouchée de la réalité historique, à condition qu'il n'y eût pas de contradicteurs, en un mot que l'accusé fût absent. Bref, un procès par contumace de l'ancien chef de l'État à demi prisonnier en Allemagne.

Dans ce procès-monologue prévu, les thèses de l'accusation étaient simples :

— « Ces actes... étaient l'aboutissement d'un complot fomenté depuis longtemps contre la République, un complot qui, grâce à la défaite, avait réussi mais dont le succès définitif n'était assuré qu'à la condition que cette défaite ne fût pas remise en question. »

— « ... la preuve de [cet] attentat contre la sûreté intérieure de l'État dont il [Pétain] s'est rendu coupable est incontestablement établie, celle du crime d'intelligence avec Hitler dans la période précédant la guerre ne l'est pas moins. »

En somme Pétain, par soif de pouvoir, avait

comploté le renversement de la République et pour cela n'avait pas hésité à trahir en se mettant au service de Hitler pour préparer la défaite de la France.

Dans ce schéma, la délégation de pouvoirs de l'Assemblée à Bordeaux perd de sa valeur légale puisqu'elle a été arrachée frauduleusement à des parlementaires abusés dans leur bonne foi.

Dans ce schéma, aussi, la politique suivie par le gouvernement de Vichy pendant quatre ans perd de son importance spécifique, elle n'est que la conséquence logique du complot.

Seul le complot importe puisqu'il fonde, dès 1940, la légitimité de la France Libre.

L'obstacle à ce plan fut l'annonce au dernier moment de l'arrivée volontaire de l'accusé lui-même. Le gouvernement provisoire de la République essaya bien de convaincre les autorités suisses qu'il ne se serait pas formalisé d'un refus d'extrader le Maréchal. Celles-ci répondirent qu'elles n'en voyaient pas la possibilité puisque celui-ci, venant d'Allemagne, n'avait demandé qu'un droit de passage.

Le Maréchal présent, il fallut faire avec.

La thèse du complot, la première, vola en éclats. Elle ne s'appuyait en effet que sur un seul document, présenté comme décisif : le document Alibert.

Selon ce document, Raphaël Alibert, ministre de la Justice du gouvernement de Vichy en 1940, aurait révélé à un témoin privilégié en 1942 que le Maréchal, Pierre Laval, le général Huntziger et Alibert lui-même avaient appartenu à la Cagoule, une organisation terroriste, et préparé la prise de pouvoir en France avec l'appui de Hitler, qui aurait financé les activités des conjurés.

Ce document prévu pour un procès sans débat s'écroula aux premières questions de la défense et se révéla pour ce qu'il était, un salmigondis de ragots présenté par son auteur, M. Rist, comme des confidences faites par Alibert à un certain Vergnaud qu'il n'avait pas vu depuis l'année... 1935.

Le procureur général Mornet dut abandonner le complot :

— Quand M. le Bâtonnier Payen me demande : Mais le complot ? Abandonnez-vous le complot ? Je lui réponds : Ce que je n'abandonne pas, c'est l'attentat contre la République... et peu m'importe qu'il ait été précédé d'un complot pour lequel je reconnais que je n'ai pas des éléments de nature à prouver le rôle des personnages qui y ont pris part.

Une fois abandonnée la thèse du complot en général, la thèse du complot particulier pour forcer le gouvernement à demander l'armistice se trouvait fragilisée. Il apparut que les premiers à avoir parlé d'armistice avaient été le président de la République Albert Lebrun et le président du Conseil Paul Reynaud. Qu'il y avait au Conseil des ministres une majorité pour l'armistice. Que le débat posé ne l'était pas en termes de trahison mais venait de visions différentes de l'intérêt de la France, l'une hexagonale, l'autre planétaire.

Du coup, le procureur général abandonne encore ce deuxième chef d'accusation.

« L'armistice ne constitue pas l'un des chefs d'accusation, déclare-t-il. Le procès de trahison commence le 11 juillet. »

Exit la question de l'armistice, primordiale aux yeux du général de Gaulle.

« Ce qui dans l'accusation me paraissait essentiel, écrit-il, l'était moins aux yeux de beaucoup. Pour moi la faute capitale de Pétain, et de son gouvernement, c'était d'avoir conclu avec l'ennemi, au nom de la France, le soi-disant " armistice ". Certes, à la date où on l'avait signé, la bataille dans la métropole était indiscutablement terminée. Arrêter le combat... cet acte militaire et local eût été justifié. Il appartenait au commandement des Forces intéressées — quitte à ce que la tête en fût changée — de faire le nécessaire sur ordre du Gouvernement. Celui-ci aurait gagné Alger emportant le trésor de la souveraineté française, qui depuis quatorze siècles n'avait jamais été livré, continuant la lutte jusqu'à son terme, tenant parole aux Alliés et en échange exigeant leur concours. Mais avoir retiré de la guerre l'Empire indemne, la flotte inentamée, l'aviation en grande partie intacte, les troupes d'Afrique et du Levant qui n'avaient pas perdu un soldat, toutes celles qui depuis la France même pouvaient être transportées ailleurs ; avoir manqué à nos alliances, par-dessus tout avoir soumis l'État à la discrétion du Reich, c'est cela qu'il fallait condamner de telle sorte que la France fût dégagée de toute flétrissure.

« Toutes les fautes que la France avait été amenée à commettre ensuite... découlaient infailliblement de cette source empoisonnée.

« Aussi étais-je contrarié de voir la Haute Cour, les milieux parlementaires, les journaux, s'abstenir dans une large mesure de stigmatiser l'armistice[1]. »

L'essentiel des débats échappait au maître

1. *Mémoires de guerre*, t. III : « Le Salut. »

du Pouvoir. Il ne restait plus à ses serviteurs qu'à se battre dans la confusion sur le seul chapitre qu'ils avaient négligé, celui du bon ou du mauvais usage de la collaboration.

Quand un procès arrive à l'audience comme celui de Bonnier de la Chapelle, du maréchal Pétain ou d'un meurtrier quelconque, tout espoir de le retarder n'est pas forcément perdu. Le jeu alors continue à travers ce qu'on appelle les incidents de procédure.

Un homme avait été condamné à mort par le tribunal permanent des Forces armées de Dijon sur un dossier, il est vrai, très difficile. Mais le jugement avait été cassé. Le deuxième procès devant, selon toutes probabilités, aboutir au même verdict, il était capital pour la défense de gagner du temps.

Jusqu'à la veille du procès, connaissant le dossier, nous n'étions pas passés au greffe l'examiner. Nous le fîmes par acquit de conscience. Il ne nous apprit rien de nouveau sauf que les minutes du procès cassé y figuraient alors qu'elles n'avaient pas à y être.

À quoi bon casser un procès en effet si on doit tenir compte de ce qui s'y est dit ?

Nous aurions pu en informer le président ou le commissaire du gouvernement et leur demander d'en expurger le dossier.

Nous ne le fîmes pas.

Avant l'audience, nous demandâmes à notre client de contester ce qu'il avait dit à la police et devant le juge.

C'est ce qu'il fit.

— Mais à l'audience, lui dit le président, vous l'avez pourtant confirmé ?

L'imprudent mettait ainsi le doigt dans l'engrenage. Il avait lu les notes et en tenait compte.

Notre client nia les faits.

Le commissaire du gouvernement bondit alors, triomphant, dans le piège.

— Voulez-vous, dit-il, que je vous lise ce que vous avez dit ?

Répondant à la place de notre client, nous lui demandâmes de le faire.

Et il lut les notes d'audience.

Nous demandâmes alors au président de nous donner acte que les minutes du procès cassé étaient jointes au dossier, et que lui-même ainsi que le commissaire du gouvernement en avaient fait état. Comment faire autrement ? Le procès était public, tout le monde les avait entendus. Acte nous en fut donné.

Quelles que fussent les raisons d'opportunité qui firent couvrir alors par la cour de cassation beaucoup de dénis de justice, la cassation était certaine.

Que nous importaient dès lors le déroulement et l'issue d'un procès pour rien ?

Ce culte de la forme de la part de la défense pourra paraître à la fois provocateur et bien futile. C'est oublier qu'en droit, ainsi que le disait Ihering, la forme est la sœur jumelle de la liberté.

Si la défense avait fait retirer du dossier soumis au tribunal permanent des Forces armées de Paris les minutes du dossier de Dijon, pouvait-elle les effacer de la mémoire des magistrats ? Le seul résultat de sa courtoisie aurait été de se priver de tout recours contre cette violation du Droit.

Mais la conquête du temps peut prendre d'autres formes.

En voici d'autres exemples.

L'homme avait reçu de son organisation l'ordre de tuer le premier gardien de la paix qu'il verrait, en sortant de la station de métro Stalingrad. Ses chefs avaient peut-être pensé au premier attentat commis sur le quai de cette station contre des militaires allemands pendant l'occupation. Un officier de la Kriegsmarine avait été abattu par le futur colonel Fabien qui avait réussi à s'échapper.

L'homme abattit donc le premier gardien de la paix qu'il vit. Les autres policiers se lancèrent immédiatement à sa poursuite et l'arrêtèrent sur les quais du métro alors qu'il tentait vainement de monter dans une rame.

Il fut passé à tabac mais pas torturé. Les faits étaient flagrants et il ne les contestait pas. Le cadavre fut examiné immédiatement par le docteur Paul, célèbre médecin légiste et figure bien parisienne avec son visage d'amateur de bonne chère et ses guêtres d'une autre époque.

Le docteur Paul constata que le gardien de la paix avait été tué d'un coup de pistolet mortel — c'était l'évidence — dont le calibre était de 8 mm. Comme dans tous les attentats commis en France par le FLN auquel l'homme avait tout de suite avoué appartenir.

L'homme nous désigna pour le défendre.

Cette défense se révélait bien difficile. C'était une cause perdue. Tuer un policier entraînait alors la peine de mort. Le jeune bourgeois dévoyé Jacques Fesch en avait fait la malheureuse expérience quelques années plus tôt.

Dans notre cas, ce qui aggravait la cause, c'est que le meurtrier était un Algérien membre du FLN et que le meurtre était délibérément voulu à la différence des affaires de braquage où le cambrioleur tire pour se défendre ou ne pas être arrêté. Si le procès devait s'ouvrir et aller jusqu'au bout, l'homme aurait la tête tranchée.

Le problème était donc de gagner du temps d'une manière décisive. Le docteur Paul nous en fournit le moyen. S'il était vrai en effet qu'à la suite d'un obscur trafic d'armes, la fédération de France du FLN avait équipé tous les membres de son organisation spéciale de pistolets Beretta 8 mm, ce jour-là, par chance pour la défense, malchance pour le docteur Paul pris par la routine de ses autopsies, l'homme était armé d'un pistolet Colt 11 mm.

Le docteur Paul, qui prétendait avoir mesuré l'orifice de la balle dans le corps du policier, lui attribuait 8 mm de diamètre à l'entrée et 8,5 mm à la sortie. Or, si un pistolet de 8 mm peut faire un trou de 11 mm exceptionnellement, de toute évidence un pistolet de 11 ne peut faire un trou de 8.

Ce détail échappa à la sagacité de MM. les magistrats militaires. Le devoir d'un défenseur n'étant pas de remporter un succès sans lendemain, nous ne dîmes rien. Une autre autopsie rapidement ordonnée, faite avec plus de soin, conduisait notre homme directement à la guillotine.

Nous n'en fîmes la remarque qu'au cours du procès. Le temps perdu par l'accusation ne pouvait plus être rattrapé. Mesurer l'orifice d'entrée d'une balle dans le corps d'un homme enterré depuis plusieurs mois, déformé par la putréfaction cadavérique, n'était plus possible.

Et l'expertise de l'expert, jusque-là accueillie comme un oracle, mettait miraculeusement hors de cause l'accusé. Le procureur essaya bien d'émettre quelque doute sur le travail de l'expert. Nous lui fîmes remarquer que c'était sur la base des dires de cet expert, qu'il malmenait aujourd'hui, qu'il avait personnellement requis la peine de mort contre d'autres accusés, et que si cette expertise lui paraissait douteuse, il lui aurait appartenu de demander une contre-autopsie. Son discours remettait en cause trop de jugements déjà rendus. Le président du tribunal le lui fit comprendre.

À l'inverse, au cours de l'échange de coups de feu place de Stalingrad, les policiers avaient tiré des balles de calibre 8 mm, eux seuls étant équipés d'armes de ce calibre. La défense demandait au président d'ordonner un supplément d'information. Il nous l'accorda.

La vérité judiciaire devenait autonome par rapport à la réalité vulgaire. Ce qui arrive souvent. Nous savions bien que le procès ne reviendrait plus jamais.

L'accusé stupéfait et soulagé n'avait plus qu'à attendre sagement à la prison de Fresnes que les choses se tassent. Elles se sont tassées en effet et quelques années plus tard, le cessez-le-feu conclu entre le gouvernement de la Ve République et le FLN lui ouvrait, comme à ses compagnons de captivité, les portes de la prison.

Cette attitude de la défense peut paraître cynique. Elle le serait en effet si un procès était une pure pesée d'âmes. Malheureusement, dussions-nous décevoir les âmes sensibles, il n'est pas une pesée d'âmes mais un combat.

Et dans l'exemple précité, la défense ne triche pas. Elle n'induit personne en erreur. Elle profite de l'erreur des autres. Si elle pèche, c'est par omission.

Ce souci du temps, dès l'autopsie d'ailleurs, n'est pas le propre de la défense. Il est aussi celui de l'accusation et de l'institution judiciaire en général, avec cependant une différence majeure qui vient de l'organisation de la Justice en France. Tout le monde sait — ou devrait savoir — qu'en France, à la différence des pays anglo-saxons, les magistrats ont la responsabilité entière de l'instruction. Les noms des juges Pascal dans l'affaire de Bruay-en-Artois ou Lambert dans l'affaire de la mort du petit Grégory sont là pour nous le rappeler. Si l'avocat peut profiter de l'erreur des autres, le procureur et les juges ne peuvent profiter que de leurs propres erreurs. De là à les commettre volontairement...

L'affaire Boulin en est un exemple. Ayant été un moment avocat de la famille dans cette affaire dont l'instruction n'est pas encore terminée, mon propos n'est pas de révéler les secrets de l'instruction, mais de rappeler une vérité de polichinelle.

Dès la mort du ministre, le gouvernement (de droite) et la presse (de gauche) affirmèrent qu'il s'était suicidé ainsi que le suggérait la découverte de son corps dans un étang. Des médecins légistes examinèrent le corps et confirmèrent l'hypothèse.

Quand l'affaire me fut confiée, je demandai une contre-expertise. Quelques années après la mort, le cadavre fut exhumé et d'autres experts conclurent qu'on ne pouvait pas conclure.

La première expertise incomplète ne permettait pas d'être affirmatif, disaient-ils, il aurait fallu se livrer à un examen anatomopathologique des viscères prélevés à cette fin, et non examinés.

Or ces viscères ne purent jamais être contre-expertisés, et pour cause : au moment de la seconde expertise, ils avaient disparu. Les tenants de la thèse du suicide échappaient ainsi à l'épreuve des faits.

Dans ce jeu judiciaire il existe, on l'a compris, une différence fondamentale entre la défense et l'institution. La défense peut tirer avantage des règles du jeu, elle ne peut pas les changer en cours de partie, ni modifier frauduleusement les conditions de leur application. Un exemple nous fera mieux comprendre.

La défense pouvait profiter de l'erreur du docteur Paul dans le cas du meurtre d'un agent de police par un membre du FLN, elle ne pouvait pas lui ordonner de commettre l'erreur. Alors qu'au procès Estherházy, c'est sur ordre que les trois experts commis — ils l'ont reconnu plus tard — avaient certifié sur l'honneur que l'écriture du bordereau n'était pas de sa main.

Il en est de même dans l'affaire du proxénète lyonnais. La défense a tiré avantage de la prescription courant à partir d'une erreur du procureur, elle n'a pas suggéré, ni inspiré, ni ordonné au procureur de commettre cette erreur, alors que dans le cas du hold-up de Strasbourg, on ne peut croire que les juges soient restés dix ans inactifs sans que le ministre ni un de ses représentants s'en soient aperçus. On peut penser même le contraire.

Dans le cas du procès de Bonnier de la Chapelle, c'est le pouvoir politique qui a imposé aux juges militaires une procédure rapide qui, en faisant taire à tout jamais Bonnier de la Chapelle, interdisait de faire ultérieurement la lumière sur l'organisation et les responsables de l'attentat contre l'amiral Darlan.

Le danger de la procédure inquisitoire de règle en France, est qu'en confiant la responsabilité exclusive de l'instruction au juge d'instruction elle en fait par une lente dérive le champion non de la vérité, mais d'une hypothèse possible contre celle de la défense. Dans ce tournoi, même quand les règles sont respectées, la recherche de la vérité est reléguée au deuxième plan.

C'est le cas dans l'affaire La Roncière, dans l'affaire Dreyfus et dans mille autres.

Le dernier exemple étant l'affaire Barbie.

Barbie contestait l'authenticité du télex d'Izieu, pièce maîtresse de l'accusation. Les arguments que la défense avançait n'étaient pas négligeables. Il existe en effet trois originaux différents [1], ce qui fait deux de trop.

La date à la suite de la signature indique l'année 1943 alors que les faits sont de 1944. Un témoin avait juré avoir vu Barbie ailleurs ce jour-là. Enfin l'homme qui avait conduit les Allemands sur place ne l'a jamais mis en cause.

Au cours de l'instruction, l'expertise fut refusée à la défense. Au cours du procès, le président des assises refusa de faire venir entre deux gendarmes le témoin de la rafle

1. Il a existé un original produit à Nuremberg... qui a disparu. Il n'était pas signé de Klaus Barbie.

Au procès, deux photocopies ont été produites, l'une par Me Klarsfeld, différente de l'original, et signée de Klaus Barbie et une autre, par M. de Launay, différente de la première.

qui n'avait pas daigné répondre à la convocation de la Cour.

La cour d'assises n'en conclut pas moins à la culpabilité de Barbie dans cette affaire alors qu'une demi-énigme subsiste selon le chroniqueur judiciaire de *L'Humanité*, journal pourtant peu favorable à l'accusé. Mais quelle est la différence entre une énigme et une demi-énigme ?

Insoucieuse de la vérité historique, de la vérité vraie, la Justice finit par proclamer innocent l'assassin de Jaurès qui revendiquait son geste et que dix témoins avaient vu. C'est ce qu'on appelle la vérité judiciaire.

Mais cela n'est pas le plus grave puisque cela fait partie du jeu tel qu'il existe. Ce qui est plus grave, c'est de changer les règles du jeu avant la fin de la partie.

On s'est à juste titre indigné à la Libération du comportement des hauts magistrats des sections spéciales qui sévissaient dans un certain nombre de cours d'appel et condamnaient en vertu de textes rétroactifs, contrairement aux principes.

Ils sont passés en jugement, ont été

condamnés à des peines modérées relativement à leurs crimes, mais était-il nécessaire de le faire en fonction de textes législatifs également rétroactifs ?

La force d'un vainqueur n'est-elle pas de ne pas utiliser contre un vaincu ses propres armes ?

De même était-il nécessaire, pour condamner les Allemands accusés de crimes de guerre, d'avoir recours à la loi de septembre 1948, renversant la charge de la preuve, créant une présomption de culpabilité et légalisant la notion de responsabilité collective, toutes contraires aux principes du droit français et de tout État de droit ?

Comment, dans ce cas, ne pas adhérer pleinement à la critique du professeur Donnedieu de Vabres qui fut délégué par la France au tribunal international de Nuremberg quand il écrit : « Force nous est de conclure, si affligeante que soit pour l'honneur français une telle constatation, que la loi du 15 septembre 1948 n'est pas la manifestation d'un droit juste ; elle est, si j'ose employer le barbarisme que la terminologie récente de l'ONU a imposé à la langue française, une espèce de " génocide légal ". »

De même la loi de 1964 réprimant les crimes contre l'humanité et en prévoyant l'imprescribilité est appliquée d'une manière rétroactive, tout comme le texte qui avait prévu les sections spéciales. La seule différence est que la première visait les communistes et la deuxième les nazis.

La différence n'est pas négligeable, mais en droit elle ne vaut rien.

L'exemple du procès Dreyfus est, là encore, parfaitement éclairant. Ce qui motive la différence entre les deux arrêts de Rennes et de Paris n'est pas le dossier, qui est le même, mais le rapport de forces politiques qui a évolué. La même question peut se poser à propos des deux arrêts de la cour de cassation de 1899 et de 1906. Quand la cour de cassation décide d'annuler sans renvoi le jugement de Rennes et de proclamer l'innocence de Dreyfus, elle ne dispose pas d'éléments nouveaux par rapport à ceux qui étaient déjà connus de tous en 1899. La seule différence, là encore, est dans le rapport de forces politiques qui a changé.

C'est la même cour d'appel de Paris qui, après avoir proclamé dans le cas de Barbie que les crimes contre l'Humanité sont imprescriptibles, proclame dans le cas des ratonnades de Paris en 1961 qu'ils sont amnistiés.

C'est la cour d'appel de Versailles qui considère que le mot « détail » appliqué aux chambres à gaz par M. Le Pen constitue une atteinte intolérable à la sensibilité de la communauté juive, et la cour de Paris que les plaisanteries très exactement putassières de M. Salman Rushdie contre le prophète de l'islam relèvent de la liberté de création.

Constater que la justice prend souvent l'allure d'un jeu ne relève pas du sacrilège mais de la lucidité.

Encore faut-il qu'à ce drôle de jeu où certains risquent leur liberté et leur honneur, personne en plus ne triche.

Ce n'est plus de jeu.

Je ne déteste rien tant que les résignés. Le procès terminé, la condamnation prononcée, le jeu continue. Le temps est galant homme pour ceux qui le méritent.

Je voudrais en prendre deux exemples dont je ne saurais garantir l'authenticité, mais que la légende des palais m'a rapportés et qui méritent en tout cas d'être vrais.

Le premier se déroule dans les dix heures qui suivent l'assassinat du président de la République Paul Doumer par Gorguloff.

Sitôt connue la nouvelle, un confrère dont l'Histoire injuste a oublié le nom se frotte les mains. Son client devait être exécuté, lui aussi, au petit jour. Le président de la République, que l'avocat avait rencontré quelques jours auparavant, avait la veille rejeté son recours en grâce. La mort de l'un fait renaître l'espoir de l'autre.

Le droit de grâce est un droit régalien. Il vient des rois, oints du Seigneur. Il est absolu. Héritier des quarante rois qui ont fait la France, le président de la République tient d'eux ce droit. Il n'a, sur ses décisions, de comptes à rendre à personne, même pas à sa conscience. Il peut au moins théoriquement, à chaque minute qui passe, changer sa décision au gré de son humeur. On peut concevoir par hypothèse d'école qu'il puisse au dernier moment arriver en pyjama au pied de la guillotine et dire qu'il a changé d'avis, qu'il accorde finalement ce petit matin la grâce qu'il avait refusée la veille.

Mais quand il est mort?

Le roi de France ne meurt pas, c'est connu, sitôt le roi mort, le dauphin est roi. Le Roi est mort, vive le Roi.

Le président de la République, lui, est mortel. Dès sa mort, s'ouvre une période intérimaire en attendant l'élection de son successeur.

Dès qu'il fut informé des coups de feu qui avaient abattu celui qui avait refusé la grâce de son client, l'avocat comprit qu'il y avait là dans le temps une brèche par où son client pouvait s'échapper.

Le refus de grâce de la part du président de la République est une décision provisoire puisqu'il peut à tout moment revenir sur sa décision. C'est son silence volontaire jusqu'à la minute même de l'exécution qui rend sa décision définitive mais, s'il meurt, il ne reste plus que le provisoire.

Qu'on imagine la course échevelée de notre confrère alors que tout le monde politique est en émoi, qu'il n'y a plus personne sauf des pleureuses à l'Élysée, que le ministre de la Justice est occupé à d'obscurs conciliabules, que les bois de justice sont déjà prêts à être montés, que le procureur prend déjà un air tragique devant sa petite famille rangée en rond autour de la table familiale comme dans la caricature de Forain. On entendit tout de même la subtilité de ses propos, la décision de tuer fut reportée jusqu'à l'élection du successeur de

M. Paul Doumer à qui le cas serait à nouveau soumis.

Mais il existe une autre tradition royale. Le roi gracie le premier condamné dont le cas lui est soumis. Celui-ci avait quinze jours d'avance sur les autres.

Cette obligation traditionnelle pour le roi ou son successeur, le président de la République, peut poser au pouvoir un problème politique surtout quand il s'agit de ce prince manqué qu'est le chef du gouvernement provisoire à Alger en 1944.

L'histoire me fut racontée pendant la bataille d'Alger par un confrère qui y fut mêlé intimement sans l'avoir voulu. Je la donne telle qu'il me la raconta.

Un soir, donc, ce confrère reçut chez lui la visite de plusieurs gendarmes lui portant une convocation chez le général de Gaulle pour le lendemain matin à 8 heures afin de lui présenter le recours en grâce d'un obscur espion condamné à mort qu'il avait défendu.

Le confrère fut étonné.

Comment, en une journée aussi occupée, pensa-t-il, le général avait-il eu le temps de penser à lui et à son obscur client ? Il recherche le dossier, essaya d'y trouver quelques pauvres arguments et s'en fut le lendemain chez le chef du Gouvernement provisoire de la République française.

Le Général le fit asseoir, l'écouta sans rien dire. Quand il eut fini, le Général lui dit : « Je vous ai entendu » d'un air bienveillant, et se leva pour lui donner congé. Il était 8 h 30.

En sortant, le confrère croisa dans le salon d'attente trois ou quatre confrères, la fine fleur des barreaux d'Afrique du Nord. Ceux-ci, en le voyant, parurent étonnés et contrariés. Ils n'eurent pas beaucoup le temps de s'expliquer. Déjà les huissiers les faisaient entrer dans le bureau du Général.

« Je vous écoute », leur dit-il après les avoir fait asseoir. La fine fleur des barreaux d'Afrique du Nord venait lui présenter le recours en grâce de M. Pucheu, ancien ministre de l'Intérieur du gouvernement de Vichy, qui avait choisi les otages que les Allemands firent exécuter à Châteaubriant après l'attentat commis à Nantes contre un de leurs officiers. Les Allemands ayant fixé le nombre des otages qu'ils entendaient fusiller, Pucheu s'était dit, tant qu'à faire, que ce fussent de mauvais Français, et avait choisi des communistes. Le général de Gaulle avait des communistes dans son gouvernement.

Il écouta comme il le faisait toujours, paraît-il : avec une courtoisie apparente et beaucoup d'ennui.

Enfin le plus notable d'entre eux avança, pour terminer leurs plaidoyers, l'argument suprême : « Le droit de grâce est un droit régalien. Vous êtes en ce moment comme chef de l'État héritier des Rois de France. Vous n'avez de compte à rendre à personne. Seule la tradition vous lie, qui fait que le Roi gracie toujours le prisonnier dont le cas lui est soumis le premier après son avènement. »

De Gaulle à ce moment leur aurait dit : « Cette tradition, messieurs, vient d'être purgée. »

La fine fleur des barreaux d'Afrique du Nord comprit enfin la raison de la présence chez le chef de l'État de leur modeste confrère.

Ils avaient cru le coiffer au poteau. Le Général les avait pris de vitesse.

La séduction des hors-la-loi

Rien ne remplacera la séduction des hors-la-loi.

Jean GENET, *L'Enfant criminel*

COMBAT pour la liberté d'un homme ou d'un peuple, jeu, non de hasard mais de réflexion, de sang-froid et d'imagination, création, le procès est tout cela à la fois. Et l'avocat se retrouve gladiateur, stratège, et parfois artiste.

Alors — me direz-vous — dans tout ça, où est cette déesse qu'on nous montre souvent avec une balance et qui pèse le pour et le contre, qui pèse les âmes ? Vos histoires sont séduisantes, mais dans tout cela il n'est question que de passion, de stratégie, de combat. Où est la justice ?

C'est une question que l'on peut se poser, en effet.

Où est la vérité d'un homme qui tue la femme qu'il aime ? Qui peut connaître la vérité d'une femme qui, après une vie vertueuse, s'en va tout d'un coup avec un gigolo qu'elle méprise ? Quelle est la vérité d'un caissier honnête, modèle et modeste qui, après vingt ans, vingt-cinq ans de bons et loyaux services, un soir ouvre la caisse, prend l'argent et va tout perdre au casino ?

Qui peut connaître leur vérité ? Seuls des artistes peuvent essayer de l'approcher.

On dit parfois : « Mais comment pouvez-vous défendre tel ou tel ? » Je réponds d'abord par une banalité : « Il faut bien qu'il soit défendu. Dans une société de droit, tout le monde a droit à être défendu. » Mais si on insiste en me disant : « Mais enfin, pourquoi vous ? », je réponds : « C'est le défi professionnel. Si j'étais médecin, je préférerais avoir opéré la première greffe du cœur qu'avoir soigné cent cas de grippe à Sarcelles. » Pourtant, soigner la grippe à Sarcelles est un devoir social mais il faut de tout pour faire un monde, il faut ceux qui aiment les défis et ceux qui aiment le social. Il y a place pour les uns et les autres, ils ne se font pas concurrence.

Mais ce n'est pas encore la vraie raison !

En fait, ce qui nous appelle à regarder le criminel en face, c'est la fascination, parce qu'il est notre image.

Vous vous rappelez peut-être ce conte d'Edgar Poe, *Double crime dans la rue Morgue* ? Les spécialistes du roman policier y voient le premier exemple d'une énigme, d'un assassinat commis dans un lieu complètement clos. On peut y voir aussi autre chose. Deux femmes sont retrouvées mortes dans une chambre fermée de l'intérieur et non seulement elles sont mortes, mais on a l'impression qu'elles ont été mordues ou griffées et on se dit : « Mais enfin ! quel être humain a pu commettre ce crime ? » Et puis, M. Dupin, le détective d'Edgar Poe, découvre que c'est un singe qui s'est échappé, qui est passé par la cheminée, qui a agressé les deux femmes et qui est reparti. Et à partir du moment où on sait que c'est un singe, cette histoire ne nous pose plus les mêmes questions.

Qu'un animal morde des femmes ou des hommes, c'est dans la nature des choses. Mais qu'un homme ait pu le faire, cela nous pose une question métaphysique. Le criminel est un homme semblable à nous. Il révèle alors une part en nous qui nous effraie.

Dans *Crime et châtiment*, le juge Porfire a fait courir le bruit que c'était un ouvrier qui avait tué la vieille usurière et Raskolnikov, qui est le coupable véritable, va rendre visite au juge... parce que tous les deux se sont connus à l'université. Raskolnikov prend un air dégagé et dit au juge : « Ainsi, c'est un crime d'ouvrier. » Le juge le regarde dans les yeux et lui dit : « Non, ce n'est pas un crime d'ouvrier, c'est un crime d'intellectuel, d'un de ces jeunes qui ne croient plus en Dieu. » Il vient de démasquer Raskolnikov. Aurait-il pu le faire s'il n'avait pas appartenu lui-même à ce milieu de jeunes étudiants, s'il n'avait pas jadis partagé leurs discussions ? Le juge démasque Raskolnikov parce qu'il y a en eux une part commune.

Kundera, dans son *Essai sur le roman,* dit qu'il faut pour écrire une grande curiosité de connaître tout ce qu'il y a de dangereux en nous. Je pense que c'est également la position que doit prendre l'avocat au départ d'un procès. Parce que s'il fait comprendre tout ce qu'il y a de dangereux dans l'homme, s'il fait comprendre au juge et aux jurés qu'il y a en eux aussi cette possibilité, ils ne pourront pas traiter le criminel comme quelqu'un qui appartient à un autre monde, comme un martien. Ils devront le traiter comme un semblable mais passé aux extrêmes et par là même devenu exemplaire. Les peuples ne s'y trompent pas.

Au début de ce siècle, Antonin Manuel de Moraes dit Silvino, du nom du grand Silvino Ayres qui fut le chef de son père dans une bande de congaceiros, coureurs des routes arides du Nordeste brésilien, le sertão, tua le commissaire Braz lancé à ses trousses au cours d'un duel sertanejo. Les deux adversaires, une lame à la main, une rose à la bouche, s'affrontèrent avec la grâce et la précision d'un ballet, d'une valse lente, pensait Borges.

Silvino, d'un geste brusque, frappa, la rose tomba des lèvres du commissaire. Le jugement de Dieu était rendu. Le procès était terminé, mais pas le sillage qu'il a laissé dans *Le Sertão des saints et des congaceiros, de ceux qui tuent et prient avec la même cruauté et la même humanité*. La légende déjà s'emparait de Silvino, le proclamait roi du cangaçāo, maître du sertão dont, à la tête de ses multitudes de paysans, il se proclamait gouverneur en 1910.

Dénoncé, blessé, capturé au début de la Grande Guerre, il meurt en 1944 à la fin de la Deuxième Guerre mondiale après avoir été condamné à trente ans de prison par la cour de Recife.

Mais pas plus qu'une pièce de théâtre ne se termine avec le baisser de rideau, un procès ne prend fin avec la lecture du verdict.

Comme la Phèdre d'Euripide revit dans Racine, Swinburne ou Miguel de Unamuno, chaque fois différente et toujours la même, comme Yseut de la légende celtique devient plus tard l'Ysolde de Wagner, Mandrin roué vif le 26 mai 1755 à Valence devient deux siècles plus tard le chevalier sans roi du film de Soldati. Christine Papin, condamnée à mort aux Assises du Mans en 1933 et sa sœur Léa condamnée à dix ans de prison pour avoir assassiné Mme Lancelin chez qui elles étaient domestiques, vont réapparaître quinze ans plus tard revêtues de leurs plus beaux atours dans la pièce de Jean Genet, *Les Bonnes*. Comme les personnages du roman ou du théâtre quand l'œuvre est belle, les héros des procès réussis sont immortels et font partie comme eux de notre univers culturel. Le verdict des Cours est une chose, le verdict de l'opinion en est une autre, quand la voix de la défense a pu toucher le cœur des peuples.

Il suffit d'attendre une heure ou un siècle, qu'importe.

Engagé volontaire dans les armées du roi, Gaspard de Besse, au lieu de rejoindre son corps, prend les maquis de l'Esterel en 1777. Pendant dix ans, revêtu d'un habit rouge à boutons d'argent, portant tricorne galonné d'or, Gaspard de Besse va attaquer gabelous et fermiers généraux, rançonner les riches marchands, libérer les galériens et donner aux pauvres jusqu'au jour où, cerné dans l'Auberge des Adrets, il sera fait prisonnier. Condamné à être roué vif par la cour d'assises d'Aix-en-Provence, c'est sur un tapis de roses lancées par les femmes qu'il marche vers la roue. Puis viendra l'oubli, puis la résurrection un siècle et demi plus tard sous les traits de Gérard Philipe, Fanfan la Tulipe.

L'une des plus grandes joies que puisse éprouver un avocat, c'est, je crois, d'apprendre alors que la procédure n'est pas encore terminée, qu'ailleurs un réalisateur consacre un film à sa cliente condamnée à mort.

Ce jour-là, il se dit qu'elle, ses compagnons d'armes et lui-même ont vaincu.

Après le procès de Georges Ibrahim Abdallah, condamné à la réclusion à vie en 1987 à la demande des États-Unis et d'Israël, ce fut pour moi une joie aussi d'apprendre qu'à Alger, jamais il n'y eut autant d'enfants déclarés sous ce nom. Comme quoi le courage paie.

Stendhal lisait attentivement *La Gazette des tribunaux*. C'est là qu'il rencontra en 1827, pour son bonheur et pour le nôtre, Julien Sorel, Mme de Rênal et Mathilde de la Mole qui l'attendaient.

Mais le cas de Stendhal n'est pas exceptionnel. Tous les créateurs littéraires s'intéressent aux faits divers, ces cas extrêmes où l'homme infini révèle un de ses innombrables visages.

C'est dans la *Chronique espagnole* que son contemporain Prosper Mérimée découvre El Trempanillo, mort sur l'échafaud en 1833 et qui devient Don José.

La chronique judiciaire ressemble à un musée Grévin où les mannequins embaumés des criminels attendent un regard de reconnaissance pour revivre.

Chambige, condamné à sept ans de bagne pour avoir tué sa maîtresse et raté son suicide, reconnu par Paul Bourget, devient le Disciple.

Charles Jud, alias Matricon, Dullin ou Montaldi, condamné pour vol, désertion et meurtres, qui rêve de faire dérailler un train à l'explosif pour pouvoir mieux dévaliser les passagers blessés, soupçonné d'être l'inspirateur d'une association secrète d'Alsaciens pro-allemands, accusé d'avoir tué des voyageurs pour les voler ou pour s'amuser, se montrant partout quoique évadé, jusque dans les chasses impériales, condamné à mort par contumace, signalé en même temps à Bastia et à Venise, en Allemagne et en Espagne, attend la visite de Souvestre et Alain pour devenir Fantomas, celle de Gide pour devenir Lafcadio.

Auguste Polly de la bande à Manda, qui tua Leca pour l'amour de Casque d'or et fut tué lui-même par Théo de Montparnasse, devient dans *Villes* de Pierre Mac Orlan et la valse musette de Daniderf : le Dénicheur.

Jouhandeau, dans *Crimes rituels*, fait revivre Guy Desnoyers, le curé d'Uruffe, qui tua la jeune fille qu'il avait séduite, lui ouvrit le ventre pour en extraire son enfant, défigura celui-ci à coups de couteau et lui perça le cœur avant de le baptiser.

Du docteur Évenou qui maintint sa femme pendant que sa maîtresse, « nue sous un manteau écarlate, chaussée de talons hauts et gantée de noir », lui poignardait le cœur, le même Jouhandeau dira : « Ce médecin... j'ai cru que c'était moi. »

Denise Labbé, qui noya sa fille Catherine dans une lessiveuse à la demande de son amant Pierre Algarron, fut condamnée à la réclusion perpétuelle au cours d'un procès que Jean Cocteau tint pour « le procès du siècle ».

Gaston Dominici attend Jean Giono, Weidmann dont l'exécution publique à Versailles le 16 juin 1939 choqua par l'indécence de la foule, attend Colette, Violette Nozières, la parricide, attend Breton épris de ses yeux de cristal fou.

Imagiers de notre temps, les cinéastes dans des films à succès parce que la foule les aime, donnent aux criminels les traits définitifs de Michel Serrault au docteur Petiot accusé de quatre-vingt-sept assassinats, condamné à mort le 4 avril 1946 et exécuté le 26 mai suivant. Dominici devient Jean Gabin. Buisson dit Mimile, accusé de quatre-vingts agressions et d'une dizaine de meurtres, exécuté à Paris en 1956, devient Jean-Louis Trintignant. Raymond la Science, le compagnon héroïque de Bonnot, inventeur avec lui du vol à l'affolement et du hold-up motorisé, exécuté à Paris le 21 avril 1913, se confond dans notre souvenir, désormais, avec Jacques Brel.

La France, patrie des arts, n'est pas la dernière non plus, et c'est normal, dans la beauté du crime, au point que les plus grands acteurs étrangers s'inspirent de la chronique nationale : Charlie Chaplin a joué le rôle de Landru, Glenda Jackson celui d'une sœur Papin, malgré la richesse du répertoire anglo-saxon.

Vice français, me dira-t-on. Rien n'est moins sûr. Quatorze films en Angleterre et aux États-Unis ont célébré Jack l'Éventreur, interprété tour à tour par Laird Cregar,

Gustav Diessl, Valentin Dyall, Jack Elam, John Fraser, Peter Jonfield, Klaus Kinski, Werner Kraus, Paul Nashy, Ivor Novello, Jack Palance, Charles Reginer, Even Solon, et David Warner.

Vingt-quatre films ont été consacrés à Jesse James, le bandit bien-aimé, mort le 3 avril 1882, incarné tour à tour par Don Barry, Alan Baxter, Henry Brandon, Rod Cameron, MacDonald Carey, Ben Cooper, Wendel Corey, Robert Duvall, James Keach, Reed Hadkey, John Lupton, Wayne Mack, Clayton More, Audie Murphy, Williard Parker, James Pierce, Tyrone Power, Keith Richards, Dale Robertson, Roy Rogers, Ray Stricklin, Fred Thomson, Lawrence Tierney et Robert Wagner.

Ce qui subsiste du passé n'est jamais la vie elle-même, mais sa légende.

Je fais la part trop belle, me dira-t-on encore, à cette ascension des criminels dans le roman et le film. Elle serait plus futile que sacrilège. Mais Stendhal n'est pas futile, ni Jouhandeau, ni Jean Genet. Pour démentir cette objection, il n'est que de se reporter aux deux seuls mythes qui restent encore vivants dans notre monde désenchanté. Ce ne sont ni Mère Teresa, ni l'abbé Pierre, ni M. Wiesel, c'est toujours Faust et c'est toujours Don Juan — que le jugement de Dieu ou des hommes a condamnés. Rien n'est plus instructif que de suivre l'évolution de leur image, de leur condamnation, jusqu'à nos jours.

Au départ, Johann Faust est un petit charlatan, un astrologue qui signe un pacte avec le diable comme certains alchimistes et meurt puni d'une manière affreuse et exemplaire.

La leçon du procès est claire : hors des chemins balisés, il n'existe pas de salut.

Deux siècles plus tard avec les romantiques allemands, le procès de réhabilitation a lieu et justice lui est enfin rendue. Vaincu sans doute par la grandeur de ses aspirations et de ses actes, par sa nostalgie de l'infini et de l'amour, il est plus grand que son malheur.

Un siècle encore et sa passion d'espace infini, sa volonté de puissance deviennent pour Spengler caractéristiques de la civilisation occidentale depuis le Moyen Âge. Elles en sacrent la force et la grandeur.

Chez Thomas Mann non plus, il n'est plus question de pacte avec le Diable. C'est son ambition de créer qui le mène à la folie qui est la rançon de son génie. Le pacte qu'on lui reprochait à tort n'était que le vertige de sa grandeur.

Le destin de Don Juan à travers les siècles est le même, qu'il se soit appelé dans la réalité Don Juan de Villamediana ou Don Pedro Manuel Giron.

Dans la pièce de Tirso de Molina, la statue de pierre jouant le rôle de bourreau le tue parce qu'il a joué avec ce qu'il y a de plus sacré, l'Amour, la Mort, Dieu, et s'est ainsi condamné. La leçon est claire.

Plus heureux que Faust, Don Juan n'a pas à attendre des siècles pour être réhabilité. Grâce à Molière, trente-cinq ans plus tard justice lui est rendue : couvert de vices sans doute, mais plein de panache et de courage. Il fait rire certes mais pas de lui, des autres, et les leçons de morale données par Sganarelle sont aussi risibles que les sermons d'un président ventripotent de la Ligue des droits de l'homme. Un siècle et demi encore et Hoffmann en fera un demi-dieu exemplaire à la poursuite de la perfection.

Depuis que nous avons quitté le jardin d'Éden de l'innocence animale, sans cesse l'art jette un pont entre le crime et la beauté. Et comme les autres, l'art judiciaire qui persiste à mettre l'accusé au centre de sa rosace et à l'asseoir en majesté.

Table

La composition de ce livre
a été effectuée par Bussière à Saint-Amand,
l'impression et le brochage ont été effectués
sur presse CAMERON
dans les ateliers de la S.E.P.C. à Saint-Amand-Montrond (Cher)
pour les Éditions Albin Michel

N° d'édition : 12226. N° d'impression : 309-194.
Dépôt légal : février 1992.